어린이 마음 약국

일러두기
• 이 책에 등장하는 아이들의 이름은 가명입니다.

들어가며

나는 교실의 마음 약사입니다

　어린이 마음 약국에 온 걸 환영합니다. 저는 서울에 있는 초등학교에서 아이들을 가르치고 있는 교사 이현아입니다. 저희 교실에는 책도 많고 색연필도 많고 구운 달걀도 많아요. 오후가 되면 아이들이 교실에 놀러 와서 달걀을 먹으며 글을 끼적이거나 그림을 그리다 가곤 하거든요. 어느 날 수업을 마친 오후에 지연이가 쭈뼛쭈뼛 교실에 남아서 색연필만 만지작거리다가 이런 말을 했습니다.

　"선생님… 저… 사실 오늘 죽고 싶었는데 겨우 학교에 왔어요."

지연이는 말을 꺼내자마자 눈물을 쏟아 내며 꺽꺽 울었어요. 깜짝 놀라서 어깨를 감싸 안고 무슨 일이냐고 물었더니, 부모님이 이혼하고 아빠랑 지내고 있는데 어젯밤에 아빠가 췌장암에 걸린 사실을 알았답니다. 혼자 남는 게 무서워서 아빠랑 같이 죽게 해 달라고 밤새도록 빌었대요.

오늘 하루 종일 이 교실에 얼마나 외로운 심정으로 앉아 있었을까…. 분명 아침부터 수업 내내 함께 있었는데 마음을 헤아리지 못해서 미안하다고 했더니 아이는 이렇게 대답했습니다.

"1교시부터 6교시까지는… 이런 말을 할 틈이 없잖아요…."

그 말에 가슴이 무너지는 것 같았어요. 교실에 있다 보면 이렇게 마음에 상처가 난 아이들이 많습니다. 친구들에게 미묘한 소외감을 느껴서, 부모님이 밤새 소리 지르며 싸우셔서, 자신을 이해해 주는 사람이 아무도 없는 것 같아서…. 아픈 마음을 꽁꽁 싸매고 겨우 교실에 들어온 아이들에게 속마음을 털어놓을 작은 '틈'이 필요하다는 것을 알았습니다.

그때부터 교실 책꽂이 한편에 초록색 '교실 우체통'을 가져다 놓았습니다. 아이들에게 고민이 있거나 선생님에게 미처 말하지 못한 이야기가 있으면 언제든지 쪽지에 써서 넣어 달라고 했어요. 이름을 남기면 답장을 써 주겠다고 했고, 원하지 않으면 이름을 쓰지 않아도 된다고 했어요. 이 우체통이 교실에서 마음의 숨을 쉴 수 있는 숨구멍이 되어 주면 좋겠다고 생각했습니다.

오후 4시가 되면 '딸깍' 열쇠를 돌려서 교실 우체통을 열고 쪽지를 꺼내어 읽었습니다. 쪽지에는 '선생님, 저 사실 우리 반 민규를 좋아하는 것 같아요.' 같은 귀여운 고백에서부터 묵직한 사연까지 다양한 이야기가 적혀 있었어요. 어떤 답장도 쉽게 쓸 수 없었습니다. 쪽지를 품에 안고서 연필을 쥔 채 어떤 말을 써 줘야 할까 오래도록 고민할 때가 많았습니다.

쪽지의 내용에 따라 어떤 날은 말없이 아이를 꼭 안아 주었고, 자리를 바꿔 주거나 필요한 물건을 사서 손에 쥐여 준 적도 있어요. 그래도 충분치 않다는 생각이 들 때는 마음 약을 짓는 약사가 된 심정으로 교실에 있는 그림책을 면밀하게 살폈습니다. '서연이의 고민에는 이 책이 도움이 될까? 아니면 저 책이 더 좋을까?' 고민하며, 그림책을 읽고 또 읽었습니다. 이렇게 7년 동안 '읽는 약'을 처방하면서 가장 효과가 좋으면서도 오래도록 여운이 남는 마음 약은 바로 그림책이라는 사실을 발견했습니다.

그림책은 짧고 간결한 글에 삶에 대한 깊은 통찰이 함축되어 있기 때문에 생채기 난 마음을 지혜롭게 다독이며 염증을 가라앉혀 줄 수 있었습니다. 또 그림책의 그림은 언어로 표현할 수 없는 감정의 색과 모양을 눈앞에 펼쳐 보여 주기 때문에 뭉친 마음을 부드럽게 어루만져 주기도 해요. 초등학교 저학년 아이들뿐 아니라 졸업을 하고 찾아온 고3 아이들에게까지, 그림책은 마음을 돌보고 치유하는 특효약이 되어 주었습니다.

이 책에는 제가 2016년부터 '교실 우체통 프로젝트'를 진행하면서 아이들의 고민을 듣고 쓴 처방 편지가 실려 있습니다. 프로젝트의 마지막 해에는 다양한 지역에 사는 어린이들의 고민에 귀를 기울이고 싶어서 '온라인 고민 우체통'을 열어 사연을 받았습니다. 그중 몇 편을 골라 손 편지와 그림책 처방을 보냈고, 다른 친구들에게 도움이 될 만한 사연과 편지는 이 책에도 가져와 실었습니다. 원주, 대전, 이천, 부산… 전국 각지에서 진심 어린 사연 쪽지를 보내 준 어린이와 양육자께 감사의 마음을 전합니다.

전국의 교실 곳곳에서 비슷한 고민을 하고 있는 어린이들에게 '읽는 약'을 처방해 주고 싶어서 이 책을 썼습니다. 이 책을 읽는 어린이들이 먼저 '마음 건강 문진표'를 통해서 마음이 하는 말에 가만히 귀를 기울여 볼 수 있도록 해 주세요. 열여덟 가지 증상 중에서 공감하는 것이 있으면 그 페이지로 가서 마음 약 편지와 처방전을 읽어 보도록 도와주세요. 처방해 드린 그림책 중에서 특히 마음에 닿는 구절이 있다면 도서관이나 서점에 가서 꼭 그 책을 찾아 읽어 볼 수 있도록 해 주시길 부탁드립니다.

『어린이 마음 약국』이라는 책이 마음의 반창고가 되어 줄 뿐만 아니라, 어린이들을 좋은 그림책으로 이끄는 통로 역할을 할 수 있기를 소망합니다.

마지막으로 제가 좋아하는 노래 한 구절을 나누고 싶습니다. 캐나다의 싱어송라이터 레너드 코헨의 노래 「Anthem」을 듣다 보면 이런 가사가 있어요.

모든 것에는 깨진 틈이 있어.
There is a crack in everything.
바로 거기로 빛이 들어오지.
That's how the light gets in.

상처 난 마음이 벌어진 틈처럼 아프고 시릴 때가 있지만, 그 틈을 통해서만 볼 수 있는 세상이 있습니다. 이 책을 읽는 어린이가 상처 난 마음의 틈으로 들이비치는 눈부신 빛 한 줄기를 발견할 수 있으면 좋겠습니다. 더불어 이 책을 읽는 시간이 마음의 숨을 편안하게 쉴 수 있도록 돕는 또 하나의 작은 '틈'이 되어 줄 수 있기를 바랍니다.

오후 4시 마음 약국 문을 열며

이현아

마음 건강 문진표

어린이 마음 약국에 온 걸 환영해.
요즘 무슨 고민이 있니?
마음이 힘든 부분이 있으면 체크해 봐.
여러 개를 골라도 돼.

이름 _____

나이 _____

나 때문에 마음에 힘이 빠질 때

증상	세부 증상	체크	읽는 약 바로 가기
자기 부정	거울 속 내 모습이 싫어요. 나 스스로가 못나게 느껴져요.	☐ ☐	22쪽
열등감	가정 형편이 어려운 게 창피해요. 친구들 앞에서 당당하고 싶어요.	☐ ☐	32쪽
외로움	아무도 내 마음을 알아주지 않아요. 혼자인 게 외롭고 서러워요.	☐ ☐	40쪽
무기력	하고 싶은 게 없고 귀찮아요. 우울한 감정에 휩싸여요.	☐ ☐	50쪽

가족 때문에 눈물이 날 때

증상	세부 증상	체크	읽는 약 바로 가기
부모 이혼	이혼이 제 잘못인 것 같아서 괴로워요. 우리 집이 와르르 무너질 것처럼 불안해요.	☐ ☐	60쪽
대화 단절	엄마 잔소리에 숨이 막혀요. 속마음은 말하지 못하고 짜증만 내요.	☐ ☐	68쪽
가족의 죽음	언젠가 죽는다고 생각하면 슬퍼져요. 어떻게 위로해야 할지 모르겠어요.	☐ ☐	78쪽
사춘기 반항	방문을 닫고 혼자 있고 싶어요. 엄마에게서 멀리 벗어나고 싶어요.	☐ ☐	88쪽
장애 가족	나도 사랑과 관심을 받고 싶어요. 괜찮은 척하지만 사실 괜찮지 않아요.	☐ ☐	100쪽

친구 관계가 어려울 때

증상	세부 증상	체크	읽는 약 바로 가기
부러움	친구를 부러워하면 지는 기분이 들어요. 부러워서 미워하는 마음이 생겨요.	☐ ☐	112쪽
등교 거부	아침마다 학교에 가기가 싫어요. 교실에서 버티는 게 괴로워요.	☐ ☐	122쪽
말 상처	친구한테 상처받고 외톨이로 지냈어요. 또 상처받을까 봐 무섭고 눈치가 보여요.	☐ ☐	132쪽
대화 어려움	대화하면 자꾸 오해가 생기고 싸워요. 마음은 그게 아닌데 서로 상처를 줘요.	☐ ☐	142쪽
관계 형성 어려움	친구가 나를 안 좋아할까 봐 걱정돼요. 친구랑 친해지는 방법을 모르겠어요.	☐ ☐	152쪽

미래를 향해 힘껏 발을 내딛고 싶을 때

증상	세부 증상	체크	읽는 약 바로 가기
성격 극복	내향형인 성격을 고치고 싶어요. 성격 때문에 진로 선택이 힘들까 봐 걱정돼요.	☐ ☐	162쪽
가치관 충돌	부모님이 말하는 삶과 내 꿈이 달라요. 남들 눈치를 보느라 내 기준이 없어요.	☐ ☐	172쪽
미래 불안	나만 꿈이 없는 것 같아서 불안해요. 무작정 친구들을 따라 꿈꾸기는 싫어요.	☐ ☐	184쪽
삶의 태도	일상이 지루하고 재미가 없어요. 한 번 사는 인생 재미있게 살고 싶어요.	☐ ☐	194쪽

문진표에서 세부 증상을 체크했으면 이번에는 네 고민을 좀 더 자세히 써 볼래? 솔직하게 털어놓는 것만으로도 마음이 한결 가벼워질 거야.

노란 볕이 내려앉는 오후 4시가 되면

교실은 마음 약국으로 변해.

어린이 마음 약국에서는

읽는 약을 처방해 줘.

혼자서 끙끙 앓았던 고민이 있니?

누구에게도 털어놓지 못한 고민 때문에

마음 아플 때가 있다면 이제 걱정하지 마.

너에게 반창고가 되어 줄 그림책을 전해 줄게.

그림책 속 구절들이

상처 난 마음에 새살이 돋아나도록 도와줄 거야.

차례

들어가며_ 나는 교실의 마음 약사입니다 5
마음 건강 문진표 11

나 때문에 마음에 힘이 빠질 때
*
— 1부 —

자기 부정 나는 왜 이렇게 못나게 태어났을까요?
마음에 드는 게 하나도 없어요 22
마음 약 편지 + 거울 대화법 23
읽는 약 처방 + 『이게 정말 나일까?』 30

열등감 가정 형편 때문에 열등감을 느껴요 32
마음 약 편지 + 내 공터를 일궈 내는 법 33
읽는 약 처방 + 『리디아의 정원』 38

외로움 아무도 위로해 주지 않아서 외로워요 40
마음 약 편지 + 나비 포옹법 41
읽는 약 처방 + 『달 밝은 밤』 48

무기력 하고 싶은 게 없고 우울해요 50
마음 약 편지 + 화분 비우기 작전 51
읽는 약 처방 + 『마음여행』 56

가족 때문에 눈물이 날 때

*

— 2부 —

부모 이혼 부모님 이혼이 제 잘못 같아서 괴로워요 — 60
마음 약 편지 ✛ 2인분 사랑 불변의 법칙 — 61
읽는 약 처방 ✛ 『난 이제 누구랑 살지?』 — 66

대화 단절 엄마 잔소리를 들으면 숨이 막혀요 — 68
마음 약 편지 ✛ 관찰-필요-느낌-부탁 4단계로 말하기 — 69
읽는 약 처방 ✛ 『내 마음, 들어 보세요』 — 76

가족의 죽음 할아버지가 돌아가시고 나서
　　　　　　　엄마가 혼자 자주 우세요 — 78
마음 약 편지 ✛ 나뭇잎 애도법 — 79
읽는 약 처방 ✛ 『나뭇잎의 기억』 — 86

사춘기 반항 엄마를 사랑하지만 동시에 엄마에게서
　　　　　　　멀리 벗어나고 싶어요 — 88
마음 약 편지 ✛ 계절에 맞는 각각의 힘 — 89
읽는 약 처방 ✛ 『너는 나의 모든 계절이야』 — 97

장애 가족 발달 장애를 가진 동생이 있어요
　　　　　　괜찮은 척하지만 저도 외로워요 — 100
마음 약 편지 ✛ '척' 가면을 벗기 — 101
읽는 약 처방 ✛ 『다른 애들이랑 똑같이 할 수가 없어』 — 108

친구 관계가 어려울 때

*

— 3부 —

부러움 인기도 많은데 그림까지 잘 그리는 친구가 부럽고 미워요 … 112
- 마음 약 편지 + 부러움이라는 나침반 … 113
- 읽는 약 처방 + 『새빨간 질투』 … 120

등교 거부 학교에 가기 싫어요 … 122
- 마음 약 편지 + 건빵 속 별사탕 발견하기 … 123
- 읽는 약 처방 + 『오소리의 시간』 … 130

말 상처 말에 상처받은 후로 친구 사귀는 게 어려워요 … 132
- 마음 약 편지 + 말 반창고 붙이기 … 133
- 읽는 약 처방 + 『구름보다 태양』 … 139

대화 어려움 친구한테 섭섭한 점을 말하고 싶은데 상처만 주고 결국 싸워요 … 142
- 마음 약 편지 + 나 전달법으로 말하기 … 143
- 읽는 약 처방 + 『가슴이 콕콕』 … 150

관계 형성 어려움 친구들이 나를 안 좋아하면 어쩌죠? … 152
- 마음 약 편지 + 부메랑 법칙 … 153
- 읽는 약 처방 + 『그 녀석, 걱정』 … 158

미래를 향해 힘껏 발을 내딛고 싶을 때

— 4부 —

성격 극복   소심하고 내향형인 성격을 고치고 싶어요   162
마음 약 편지 ✚ 오르막 내리막 법칙   163
읽는 약 처방 ✚ 『나는 소심해요』   169

가치관 충돌   남들이 말하는 더 좋은 삶을 위해
꿈을 접어야 할까요?   172
마음 약 편지 ✚ 내 삶의 핵심 가치 찾기   173
읽는 약 처방 ✚ 『소년과 두더지와 여우와 말』   181

미래 불안   저만 꿈이 없는 것 같아서 불안해요   184
마음 약 편지 ✚ 셀프 인터뷰 10문 10답   185
읽는 약 처방 ✚ 『노스애르사애』   192

삶의 태도   일상이 지루하고 재미없어요
어떻게 하면 재미있게 살 수 있을까요?   194
마음 약 편지 ✚ 일상 탐험 일지   195
읽는 약 처방 ✚ 『아마도 너라면』   201

마음 약 그림책 출처   204

1부

나 때문에
마음에 힘이 빠질 때

아무리 달빛을 쬐어도 마음이 채워지지 않는 날에는 '나비 포옹법'으로 스스로를 꼭 안아 줘. 문득 두렵고 불안한 마음이 들 때 스스로를 토닥이며 마음을 안정시킬 수 있는 요긴한 방법이야.

어린이 마음 약국

톡톡! 고민 있어요

자기 부정

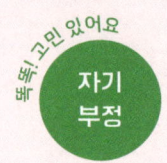

나는 왜 이렇게 못나게 태어났을까요? 마음에 드는 게 하나도 없어요

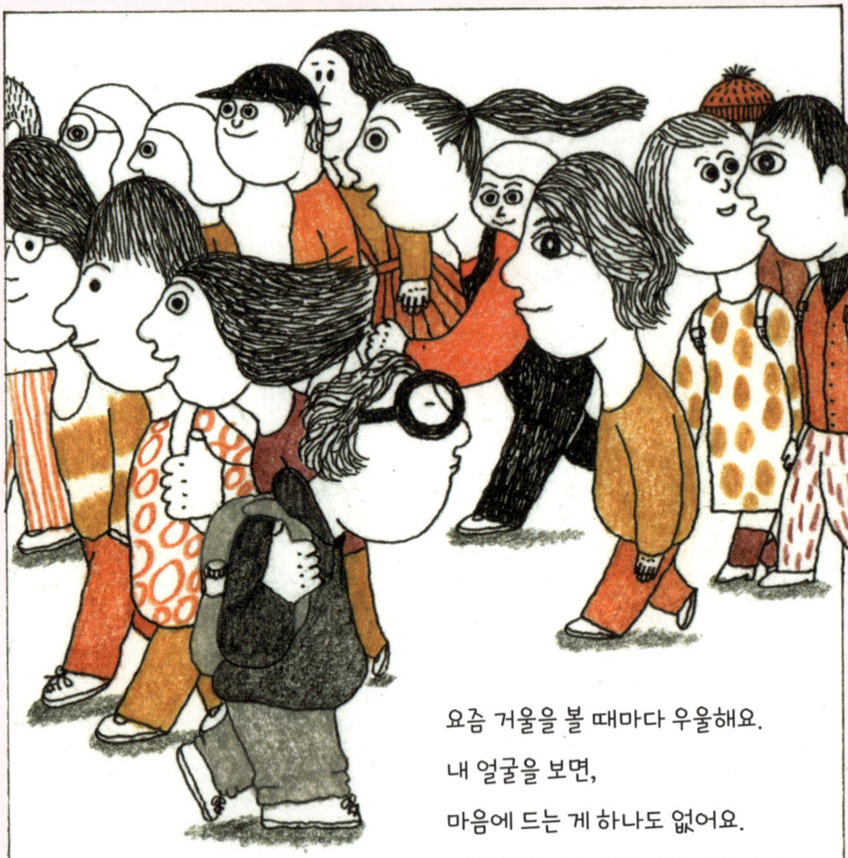

요즘 거울을 볼 때마다 우울해요.
내 얼굴을 보면,
마음에 드는 게 하나도 없어요.
사진을 찍어도 나만 예쁘지 않아서
자꾸 주눅이 들어요.

마음 약 편지 + 거울 대화법

햇볕이 필요한 '나'라는 나무를 가꾸는 너에게

*

스스로를 좋아하고
아끼는 마음을 '선택'해 봐

인간은 한 사람 한 사람 생김새가 다른
'나무' 같은 거래. 자기 나무의 '종류'는
타고나는 거여서 고를 수 없지만
어떻게 키우고 꾸밀지는 스스로 결정할 수 있대.

— 『이게 정말 나일까?』 중에서

네 이야기를 들려줘서 고마워. 요즘 거울을 볼 때마다 힘들었구나. 맞아, 이따금 스스로가 못나게 느껴져서 힘들 때가 있어. 교실 우체통으로 고민 쪽지를 받다 보면 많은 아이들이 외모 열등감에 대해 털어놓거든. 객관적으로 보기에는 눈부실 만큼 멋진 외모를 가진 아이들인데도 스스로에 대해서 '못생겼다', '뚱뚱하다'고 말하는 경우가 많았어.

왜 그렇게 생각하게 되었는지 물어봤더니 SNS에서 캡처한 아이돌 사진을 보여 주면서 이렇게 되고 싶다는 거야. 아이들이 선망하는 연예인들은 하나같이 몸매가 깡마른 데다 턱이 갸름하고, 피부에는 잡티가 하나도 없는 모습이었어. 스마트폰 속에 있는 '최애'들의 꾸며진 외모를 아름다움의 기준으로 삼으면, 아침에 세수할 때 거울 속에 비친 자기 모습을 평범하다 못해 초라하게 느낄 수밖에 없는 거지.

이렇게 남과 나를 비교하면서 외모 열등감에 시달릴 때, 하필 왜 이렇게 태어난 건지 불만스러워질 때, 나를 아끼고 좋아할 수 있는 방법 두 가지를 알려 줄게.

첫째, 단순한 생김새가 아닌 표정, 자세, 태도를 통해서 너만의 아름다움을 발견해 봐. 선생님은 어렸을 때 거울을 보면 자신감 있게 활짝 웃는 아이였어. 왜냐하면 웃는 내 얼굴이 참 마음에 들었거든. 아이돌처럼 완벽해서가 아니라, 있는 그대로 만족스러워서 좋았어. 아빠가 물려주신 보조개, 엄마가 물려주신 반달 눈웃음, 입꼬리를 활짝 올리면서 유쾌하게 웃는 내 표정이 참 매력적이라고 생각했어.

그런데 초등학교 6학년 때 갑자기 혼란스러웠던 적이 있어. 어느 날 담임선생님이 수업 중에 이런 말을 하신 거야. "자고로 여자는 얼굴이 하얗고 코가 높고 쌍꺼풀이 진해야 예쁜 거야." 요즘에 누군가 이런 말을 한다면 나는 시대에 뒤처지는 낡은 생각이라고 대답할 거야. 하지만 한창 민감한 사춘기 때는 이런 말 한마디에도 큰 영향을 받게 되더라. 특히나 내가 인정받고 싶은 선생님의 말이라 뇌리에 오래 남았어. 지금껏 내 얼굴을 아끼고 좋아해 왔는데, 선생님 말을 듣고 나서 거울을 보니까 불만이 생기는 거야. 성형외과 광고 모델 같은 얼굴을 기준으로 봤을 때, 내 피부는 가무잡잡해서 예쁘지 않고, 내 눈은 속 쌍꺼풀만 있어서 예쁘지 않았으니까.

그때 나를 구원한 건 영화 한 편이었어. 선생님이 초등학교 6학년이던 여름에 영화 「뮬란」이 개봉되었거든. 지금은 '모아나'처럼 갈색 피부를 지닌 당찬 캐릭터가 디즈니 영화 속 주인공으로 등장하지만 30년 전에는 드물었어. 디즈니 공주들은 하나같이 '얼굴이 하얗고 코가 높고 쌍꺼풀이 진한' 전형적인 서구 미인의 모습이었거든.

스크린에 등장한 뮬란을 보는데 '와….' 탄성이 흘러나왔어. 뮬란은 백설 공주처럼 얼굴이 하얗거나 신데렐라처럼 눈이 커다랗지 않은 거야. '공주 이미지'를 탈피한 뮬란이라는 인물은 새로운 아름다움의 기준을 선포해 주었어.

'예쁘다는 건 하얀 얼굴이 아니라 당당한 표정을 말하는 거구나. 예쁘다는 건 커다란 눈이 아니라 용감한 태도에서 비롯되는 거구나.'

그날 나는 자신감 있는 표정과 기운찬 태도가 아름다움을 뿜어낼 수 있다는 걸 알았어. 뮬란을 만난 이후 더 이상 다른 사람의 말을 잣대로 내 얼굴의 생김새를 평가하지 않았어. 대신 내가 가진 매력을 마음껏 발산하는 데 집중했어. 나만이 갖고 있는 활기차게 웃는 표정과 다정한 자세, 생기 있고 호쾌한 태도를 통해서 말이야. 아름다움은 눈의 크기나 입술의 두께가 아니라 그 눈과 입술로 짓는 표정에서 비롯된다는 걸 꼭 기억하면 좋겠어.

둘째, 매일 아침 '거울 대화'를 통해서 너 자신을 좋아하고 아끼는 마음을 의식적으로 선택해 봐. 우리 모두는 어느 날 태어나 보니 타고난 특징들을 지니고 있었어. 엄마를 꼭 닮아서 곱슬머리만 난다든가, 아빠를 닮아서 덜렁대는 성격이라든가 하는 것처럼 말이야.

그림책 『이게 정말 나일까?』에서는 사람을 각자 생김새가 다른 '나무' 같다고 해. 어떤 사람은 소나무 숲에서 작은 소나무로 태어나고, 또 누군가는 감귤 나무 밭에서 감귤 모종으로 태어나지. 감귤 모종이 어느 날 갑자기 소나무처럼 잎을 뾰족하게 바꿀 수는 없겠지? 마찬가지로 사람도 타고난 외모나 성격을 통째로 바꿀 수는 없어.

다만 한 가지, 우리가 선택할 수 있는 게 있어. 그게 뭐냐고? 우리는 이 나무를 '어떻게 키우고 가꿀지' 스스로 결정할 수 있어. 오늘 하루 이 나무를 그늘에 방치해 둘 수도 있고, 햇볕을 쬐어 주고 가지치기를 하면서 아름답게 가꿀 수도 있어. 그건 오직 자기가 마음먹기에 달려 있어.

'나'라는 나무에 햇볕을 쬐어 주고 싶다면 '거울 대화법'으로 스스로에게 단단한 용기의 말을 건네 봐. 아침에 세수할 때 거울 속의 자신과 눈을 마주치면서 나누는 대화를 선생님은 '거울 대화'라고 불러. 너에게 도움이 될 만한 세 가지 방법을 알려 줄게.

거울 대화로 '나'라는 나무에 햇볕을 쬐어 주는 방법

거울 대화 하나 자기만의 매력 포인트를 짚어 주는 말

"내 곱슬머리는 굳이 펌을 안 해도 될 정도로 자연스럽고 있는 그대로 멋져!"

거울 대화 둘 자기 자신을 좋아하고 아끼는 말

"나는 내 얼굴이 뿜어내는 활기찬 기운이 참 좋아."

거울 대화 셋 스스로를 조금 더 사랑하기 위한 다짐의 말

"손을 씻을 때마다 남과 나를 비교하는 마음을 흘려보낼래."

내가 하는 말과 생각은 곧 나를 만들어. 특히 내 안의 목소리는 나에게 가장 큰 영향을 준단다. 거울을 볼 때마다 불평하고 한숨을 쉰다면 '나'라는 나무는 그늘진 곳에 서 있는 것처럼

잎이 시들 수밖에 없어. 설령 다른 사람들이 나에게 함부로 말한다고 해도, 나 자신만큼은 매일 아침 거울 대화로 스스로에게 용기와 지지의 말을 들려주자.

매일 거울 대화를 통해서 하루치의 사랑과 용기를 흡수하면, 식물이 빛을 향해 자라는 것처럼 '나'라는 나무도 자신을 아끼는 마음을 향해 쑥쑥 자라날 거야. 신기하게도 그때부터는 나무의 모양과 크기 같은 건 상관없어져. 자기 나무를 좋아하고 정성껏 가꾸기만 한다면 어떤 나무든 고유한 아름다움을 뿜어내니까.

마음 약국 처방전

읽는 약

_____ 귀하

효능

☑ 나를 아끼는 태도   ☑ 자기 탐구   ☑ 나다움

(처방 그림책)

『이게 정말 나일까?』
요시타케 신스케 글·그림, 김소연 옮김,
주니어김영사

'나는 왜 이렇게 태어났을까' 불만스러울 때 이 그림책을 읽어 보세요. 자기 자신을 좋아하고 아끼는 마음을 회복할 수 있습니다.

마음에 붙이는 반창고 한 구절

인간은 한 사람 한 사람 생김새가 다른 '나무' 같은 거래. 자기 나무의 '종류'는 타고나는 거여서 고를 수 없지만 어떻게 키우고 꾸밀지는 스스로 결정할 수 있대.

> 처방 세부 내역

세상에 단 한 그루뿐인 '나'라는 나무를 가꾸는 _____에게 '거울 대화법으로 햇볕을 쬐는 시간'을 처방합니다.

✚ 오늘 하루, 거울 대화를 통해서 나 자신을 좋아하고 아끼는 마음을 의식적으로 '선택'해 보세요. 거울 앞에 서서 다음의 세 가지 말을 나 자신에게 들려주세요.

`거울 대화 하나` 나만의 매력 포인트는 무엇인가요? 있는 그대로의 생김새도 좋고 표정, 자세, 태도도 좋습니다. 내가 가진 매력 포인트를 콕 짚어서 스스로에게 들려주세요.

`거울 대화 둘` 나는 나의 어떤 점을 좋아하고 아끼나요? 자신을 좋아하고 아끼는 말을 스스로에게 해 주세요.

`거울 대화 셋` 오늘 하루, 나를 조금 더 사랑하기 위해서 작은 행동을 시작해 보면 어떨까요? 스스로 다짐하는 말을 써 보세요.

가정 형편 때문에 열등감을 느껴요

집안 형편 때문에 정부 지원을 받고 있어요. 그런 저에게 친구가 "너는 한 부모 가정이라 장학금 받아서 좋겠다."라고 말할 때 마음이 무너져요. 그 친구와 대화할수록 마음이 비뚤어지고 그런 나를 보면 죄책감도 들어요.

마음 약 편지 + 내 공터를 일궈 내는 법

그럼에도 불구하고 씨앗을 심는 너에게

*

오늘 내가 바꿀 수 있는 것을 정성 들여 가꿔 보자

> "할머니, 앞으로 제가 지내며 일할 이 골목에 빛이 내리비치고 있습니다."
>
> ―『리디아의 정원』중에서

먼저 너를 꼭 안아 주고 싶어. 네 편지에서, 특히 친구의 말을 읽으면서 마음이 많이 아팠어. 그저 말랑한 위로가 아닌 실제로 도움이 되는 말을 해 주고 싶어서 오래 고민했단다. 너에게 두 가지 이야기를 전하고 싶어. 날카로운 말에 찔려서 아플 때 어떻게 대처하면 좋을지, 그리고 집안 형편 때문에 열등감을 느낄 때 마음을 어떻게 다루어야 할지 들려줄게.

먼저, 날카로운 말에 찔려서 아플 때 대처하는 방법이야. 아무리 아프더라도 나를 존중하는 말, 나를 위하는 말이라면 귀담아들을 필요가 있어. 그러나 상대방이 나를 존중하지 않는다면 내 마음을 함부로 무너뜨리지 못하도록 '경계'를 설정해야 해. 내가 감당할 수 없는 부분을 침범하거나 선을 넘어오지 않게끔 울타리를 치는 거야.

그 친구와 대화할수록 마음이 움츠러들고 비뚤어져서 죄책감이 든다고 했지? 그건 절대로 너 때문이 아니야. 문제는 말로 상처를 준 친구의 태도에 있어. 친구는 네가 감내하고 있는 상처와 노력을 존중하지 않았어. 오히려 네가 받는 최소한의 혜택에 대해 모욕감을 느끼도록 경솔하게 말했지. 던진 돌에 맞으면 아픈 게 당연하고, 송곳으로 찌르면 피가 나는 게 당연해.

너 자신을 질책하는 대신, 힘든 지점을 친구에게 명확하게 알려 주면서 '경계선'을 그어 보면 어떨까? 이렇게 말하며 스스로의 마음을 지켰으면 좋겠어.

"친구야, 그렇구나. 겉에서 보기에는 이 혜택이 좋아 보일 수도 있구나. 사실 나는 어려운 상황을 버텨 가면서 공부하는 게 많이 힘들거든. 그래서 네 말이 나에게 상처가 된다. 그동안 힘들지만 참고 버텼는데 오늘은 마음이 무너지네. 앞으로는 대화할 때 조심해 주면 좋겠어."

너는 어떤 상황에서도 충분히 존중받아야 하는 사람이야. 그러니 상대방이 마음의 울타리 안으로 함부로 돌을 던지지 않도록 정중하게 선을 그어도 괜찮아.

두 번째로 집안 형편 때문에 열등감을 느낄 때 마음을 다루는 방법과 도움이 되는 그림책을 말해 줄게. 자신의 부모나 태어날 가정 환경을 선택하거나 바꿀 수 있는 사람은 아무도 없어. 하지만 주어진 상황 속에서 더 나은 인생을 만들 씨앗을 찾아내서 삶을 일궈 내는 건 할 수 있단다.

고민을 보니 너는 다른 사람을 배려할 줄도 알고, 힘든 가정 환경을 극복하기 위한 용기도 지녔어. 네가 지닌 이런 좋은 점들이 어디에서 왔을까? 네게 주어진 삶을 담대하게 살아가는 동안 발견해 낸 씨앗들이라고 생각해.

그림책 『리디아의 정원』을 보면 주인공 리디아는 부모님이 일자리를 잃은 탓에 외삼촌 댁에 얹혀살기 위해서 혼자 기차를 타고 도시로 떠나. 양손에 커다란 가방을 들고 낯선 도시에 도착했을 때, 리디아는 어떤 마음이었을까? 어두컴컴한 기차역이 자신을 압도할 때 숨이 막힐 만큼 두렵고, 가난이 원망스럽기도 했을 거야. 그런데 리디아는 빵 가게에 도착한 날, 이런 편지를 써.

"할머니, 앞으로 제가 지내며 일할 이 골목에 빛이 내리비치고 있습니다."

골목에는 그저 삭막한 건물이 있을 뿐이었지만, 리디아는 집집마다 창밖에 화분이 있는 것을 눈여겨보았어. 리디아는 씨앗을 심는 사람이었거든.

어느 날 빵 가게 건물 옥상에서 공터를 발견했을 때, 리디아는 비밀 장소를 찾아낸 것처럼 가슴이 뛰었어. 쓰레기가 나뒹굴고 비둘기가 모여드는 황폐한 공간일 뿐이었지만, 리디아는 이 공터를 탐스럽게 가꾸기로 결심해. 아빠의 실직과 가난, 그 무엇도 자기 힘으로 바꿀 수 없지만 이 공터만큼은 자기 손으로 바꾸고 일궈 낼 수 있으니까.

리디아는 일하다가 힘들 때마다, 주저앉아 신세를 한탄하는 대신 화분을 들고 옥상으로 올라갔어. 부모님과 팔짱을 끼고서 빵을 사러 온 또래 여자애가 부러워질 때마다, 열등감에 사로잡히는 대신 씨앗을 심었어. 그렇게 가장 힘든 시절에 찬란한 꽃을 피워 냈고 내내 무뚝뚝했던 외삼촌에게도 함박웃음을 전해 줬어.

네가 서 있는 삭막한 골목에도 분명 빛이 내리비치고 있다는 걸 잊지 마. 매일 책상 앞에 앉을 때마다 우리 앞에 놓인 가로세로 1제곱미터의 공간만큼은 우리 손으로 소담하게 일궈 낼 수 있어. 네 손으로 바꿀 수 있는 것을 용감하게 키우는 데 집중하길 바라.

마지막으로, 힘든 날에는 언제든 너를 사랑하는 사람에게 편지를 쓸 수 있다는 걸 기억해. 네가 얼마나 귀한 존재인지 잊지 않도록 봉투에 씨앗과 촉촉한 흙을 담아 보내 줄 사람들이 바로 여기, 네 곁에 있어.

마음 약국 처방전
읽는 약

_____ 귀하

효능
☑ 살아갈 용기   ☑ 마음 돌보기   ☑ 관점의 전환

처방 그림책

『리디아의 정원』
사라 스튜어트 글, 데이비드 스몰 그림,
이복희 옮김, 시공주니어

마음이 무너지고 불행하다고 느껴질 때 이 그림책을 읽어 보세요. 지금 여기, 이 자리에서 삶을 다시 가꾸어 나갈 용기를 얻을 수 있습니다.

마음에 붙이는 반창고 한 구절

"할머니, 앞으로 제가 지내며 일할 이 골목에
빛이 내리비치고 있습니다."

> 처방 세부 내역

빈 공터처럼 마음이 황폐해진 _____ 에게 '오늘 내가 바꿀 수 있는 것에 정성을 들일 시간'을 처방합니다.

- 요즘 내 마음을 무너뜨리는 것은 무엇인가요? 가정 형편, 외모, 성적, 친구 관계, 부모님 문제, 건강 문제, 실수하는 나, 다짐했는데도 고치지 못하는 나쁜 습관…. 무엇이든 좋으니 자유롭게 써 보세요. 여러 개를 써도 됩니다.

- 이 중에서 내가 바꿀 수 없는 것은 무엇인가요? 삶에서 바꿀 수 없는 것에 대해서 어떤 태도를 갖는 것이 좋을까요? 내 삶을 지혜롭게 수용하는 방법에 대해 생각해 보세요.

- 이 중에서 내가 바꿀 수 있는 것은 무엇인가요? 내 힘으로 노력해서 바꾸거나 개선할 수 있는 것이라면 한번 시도해 보면 어떨까요? 삶을 풍요롭게 가꿀 수 있는 방법을 써 보고 오늘 내가 할 수 있는 것부터 시작해 보세요.

아무도 위로해 주지 않아서 외로워요

엄마 아빠가 밤마다 싸우세요. 요즘 친구들 사이에서 소외감을 느껴서 힘든데, 집에서도 눈치만 보이고 마음을 털어놓을 곳이 없어 외로워요. 이럴 땐 어떻게 해야 할지 모르겠어요.

마음 약 편지 + 나비 포옹법

달빛 아래 웅크리고 있는 너에게

*

스스로를
꼭 안아 줄 수 있어

> 나는 나를 믿을 것이다.
> 달과 함께 살아갈 것이다.
>
> ―『달 밝은 밤』중에서

토닥토닥, 먼저 네 어깨를 다독여 주고 싶어. 그동안 많이 외롭고 서러웠구나. 살다 보면 때로 마음을 털어놓을 곳이 없어서 혼자 눈물을 뚝뚝 떨어뜨리는 날이 있어. 엄마 아빠 때문에 힘들 때가 특히 더 그렇지. 친구랑 싸우거나 성적이 떨어지는 건 오히려 괜찮아. 엄마나 아빠한테 털어놓고 실컷 한 번 울고 나면 되니까. 그런데 엄마 아빠가 싸워서 집안이 온통 난장판일 때 있잖아. 그럴 때는 더 이상 갈 곳이 없어. 다른 사람에게 털어놓아도 결국 집에 돌아오면 나 혼자 이 상황을 맞닥뜨려야 하니까. 그 긴 밤을 다시 또 혼자서 견뎌야 하니까.

그림책 『달 밝은 밤』을 펼치면 무릎에 얼굴을 파묻은 채 쪼그리고 앉아 있는 아이가 있어. 요즘 엄마 아빠가 매일 싸우거든. 아빠는 매일 밥 대신 술을 먹고 있어. 엄마는 비틀거리는 아빠를 보다 못해 멀리 일하러 떠나셨고. 곧 데리러 오겠다고 말했지만 돈만 보내 주고 오시지는 않고 있어.

혹시 오늘은 엄마가 돌아오지 않을까? 매일 자다가 깨서 달이 비친 창문을 바라봐. 기대를 하면 할수록 혼자서 맞는 아침이 더욱 비참해져. 혹시 오늘은 아빠가 술을 끊지 않을까? 매일 저녁 가족사진을 간절하게 바라봐. 희망이 산산조각 날 때마다 마음도 갈기갈기 찢어지는 것 같아.

이 아이처럼 웅크리고 앉아서 우는 밤, 누구에게 의지하며 위로를 받아야 할까? 두 가지 방법을 너에게 알려 줄게.

첫째, 힘들 때는 고개를 들어서 달을 찾아봐. 깜깜한 밤에 가로등이 없는 산길을 걸어 본 적이 있니? 선생님은 여행을 갔을 때 가로등이 하나도 없는 산길에서 길을 잃어 본 적이 있어. 숲이 우거진 길에 사방은 어둡고 풀벌레 소리만 들리는데, 도대체 어떻게 숙소로 돌아가야 할지 난감한 거야. 막막해서 고개를 들어 보니까 구름 한 점 없이 까만 하늘에 둥그런 달이 떠 있었어.

선생님은 달이 그토록 밝을 수 있다는 걸 그날 처음 알았어. 얼마나 밝은지 나뭇가지 끝에 달려 있는 나뭇잎의 윤곽과 잎맥까지도 훤히 보일 정도였지. 그날 밤 오직 달빛에만 의지해서 한 발자국씩 내디디며 생각했어.

'아무리 어두워도 달빛만 있으면 걸어갈 수 있구나.'

캄캄한 밤에 고개를 들어 보면 달이 그 자리에서 환한 빛을 비춰 주는 것처럼, 외로운 날에 고개를 들어 보면 적어도 달 하나만큼의 네 편은 있어. 때로 부모님이라는 태양이 빛을 낼 수 없을 때에도 달처럼 늘 그 자리에서 네 곁을 지켜 주는 사람들이 있단다.

태양처럼 강렬하지 않더라도 달처럼 은은하게 빛을 비춰 주는 존재들. 할머니, 할아버지, 선생님, 친구들이 네 곁에 분명히 존재한다는 사실을 잊지 않았으면 해. 곁에 있는 사람들과 나누는 달 하나만큼의 사랑만 있으면 우리는 그 빛으로 걸어 나갈 수 있어.

둘째, 아무리 달빛을 쬐어도 마음이 채워지지 않는 날에는 '나비 포옹법'으로 스스로를 꼭 안아 줘. 문득 두렵고 불안한 마음이 들 때 스스로를 토닥이며 마음을 안정시킬 수 있는 요긴한 방법이야. 차근차근 알려 줄 테니까 지금 한번 따라 해 볼래?

나비 포옹법으로 나를 안아 주는 방법

1 혼자 조용히 방에 들어가 앉아서 양손을 교차해 X자가 되도록 가슴에 올려 봐. 자기 자신을 꼭 안아 주는 것처럼 어깨에 손을 얹기도 하는데, 심장 박동과 호흡을 느끼기에는 가슴에 얹는 게 더 좋아.

2 가슴에 양손을 올렸으면 나비가 날갯짓을 하는 것처럼 양

손바닥으로 번갈아 가면서 토닥토닥 두드려 봐. 손바닥의 따스한 체온이 가슴으로 옮아가는 것을 느낄 수 있을 거야.

3 '괜찮아, 괜찮아, 괜찮아.'라고 스스로에게 말해 주면서 오른 손바닥 아래로 심장 박동을 느껴 봐. '쿵쿵, 쿵쿵.' 여기 네 심장이 뛰고 있는데, 그 미세한 떨림이 느껴지니?

4 이번엔 코로 숨을 크게 들이마시면서 양 손바닥 아래로 가슴이 부풀어 오르는 걸 느껴 봐. 갈비뼈가 움직이면서 숨이 들어가는 게 느껴질 거야.

5 3초 동안 숨을 들이쉬었다가 '후' 길게 내뱉으면서 네 안에 있는 외로움과 슬픔, 서러운 마음을 흘려보내 봐.

6 다시 숨을 들이쉴 때는 평안함과 용기, 스스로에 대한 믿음을 가슴 저 아래까지 깊게 들이마셔 봐.

선생님도 얼마 전에 나비 포옹법으로 스스로를 안아 준 적이 있어. 풍선에 바람이 빠진 것처럼 몸과 마음에 힘이 쭉 빠진 날 밤이었어. 한참 이불 속에 웅크리고 있다 보니까 그런 생각이 들더라. 지금 나를 다독일 수 있는 건 다른 누구도 아닌 오로지 나뿐이라는 생각. 그날 밤 나는 노란 달빛에 의지해서 축

늘어진 몸을 일으키고, 손바닥으로 가슴을 다독이면서 '토닥토닥' 날숨과 들숨의 호흡에 집중했어.

숨을 내쉬면서 지친 오늘을 흘려보내고, 다시 숨을 들이쉬면서 생기와 온기를 채웠어. 그랬더니 몸과 마음이 한결 괜찮아지더라. 딱 내 손바닥만큼, 그러니까 딱 한 뼘만큼 가슴에 신선한 공기가 채워졌어. 바람 빠진 풍선처럼 흐느적대던 나에게 필요했던 건 누구에게도 방해받지 않고 스스로를 다독이는 포옹의 시간이었던 거야.

살다 보면 몸과 마음이 지치고 외로움이 밀려올 때가 있어. 그럴 때 자신을 꼭 안아 주면서 혼자 있는 시간을 건강하게 보내는 건 정말 중요해. 삶의 어느 순간이 되면 사람은 누구나 남에게 의지하지 않고 스스로의 힘으로 살아야 하기 때문이야. 그걸 '자립'이라고 해. 우리는 모두 자립해서 살아가야 하는 존재이기 때문에 이따금 나 자신을 돌보는 고요한 시간이 필요하단다.

마음의 회복을 위해서는 엄청나게 커다란 힘이 필요한 게 아니야. 여러 사람의 위로가 필요한 것도 아니지. 내가 나 자신을 안아 주고 토닥이는 딱 한 뼘만큼의 충만감, 그만큼의 온기만 있어도 다시 자리를 박차고 일어날 수 있어.

토닥토닥, 나비처럼 스스로 날갯짓하는 너에게 달빛의 마음을 보낼게. 혼자 있는 시간의 힘으로, 우리 딱 한 뼘만큼만 다시 힘을 내 보자.

_____ 귀하

효능
☑ 스스로 회복하기　☑ 자립하기　☑ 나 자신을 위로하기

처방 그림책

『달 밝은 밤』
전미화 글·그림, 창비

혼자 달빛 아래 웅크린 채 외로움을 느끼고 있다면 이 그림책을 읽어 보세요. 나 자신을 껴안고 다시 일어날 힘을 얻을 수 있습니다.

마음에 붙이는 반창고 한 구절
나는 나를 믿을 것이다.
달과 함께 살아갈 것이다.

처방 세부 내역

혼자 달빛 아래 웅크리고 있는 ＿＿＿＿＿＿에게 '나비 포옹법으로 나를 꼭 안아 줄 시간'을 처방합니다.

✚ 누구에게도 위로받지 못한 날, 사실 내가 듣고 싶었던 말은 무엇인가요?

✚ 혼자 조용히 방에 들어가서 왼쪽 가슴에 오른손을 가만히 얹어 보세요. 1분 동안 가만히 손끝의 감각에 집중해 보세요. 무엇이 느껴지나요?

✚ 이번엔 손을 찬찬히 움직여서 왼쪽 가슴을 토닥토닥 도닥여 보세요. 스스로에게 '괜찮아, 괜찮아, 괜찮아.'라고 말해 주세요.

무기력

하고 싶은 게 없고 우울해요

아무것도 하고 싶지 않아요. 스마트폰만 계속 붙들고 늘어져 있는 내가 너무 한심하고 싫은데 왜 이러고 있는지 모르겠어요. 먹구름 속에 갇힌 것처럼 몸과 마음이 가라앉아요.

마음 약 편지 + 화분 비우기 작전

'3無 증상'에 시달리는 너에게

*

완전히 비워졌다면
새로운 씨앗을 심을 차례야

그렇게 슬퍼하지 않아도 돼.
마음이 작아진 게 아니니까.
네 마음자리가 커진 거야.

— 『마음여행』 중에서

요즘 무기력하고 우울한 감정이 들어서 힘들었구나. 네 편지를 읽으면서 선생님도 공감했어. 특히 코로나 시기를 겪으면서 밖에 나가지 못하고 집 안에서만 몸을 웅크리고 있을 때, 무기력하고 우울한 감정의 늪에 빠지기 쉬웠지. 이럴 때 어떻게 해야 먹구름을 걷어 내고 다시 몸과 마음을 일으켜 세울 수 있을까? 너에게 도움이 되도록 우울을 돌파하는 습관과 무기력을 딛고 일어서는 방법에 관해 써 주고 싶어. 선생님도 코로나 블루에 시달릴 때 효과를 톡톡히 봤던 방법이니까 눈 반짝이면서 읽어 줘.

첫째, 우울한 기분에 속지 않도록 몸을 움직여 봐. 평소답지 않게 마음이 축 처지는 날이 있잖아. 그럴 때 선생님은 습관적으로 자리를 박차고 일어나서 책장 정리를 해. 자세를 무너뜨린 채 늘어져 앉아 있으면 자꾸 스마트폰만 붙들고 있게 되잖아. 이럴 때 몸을 일으켜서 다 읽고 내팽개쳐 둔 책을 제자리에 꽂고, 새로 구입한 책은 택배 박스를 뜯어서 훑어보고 주제별로 분류해서 꽂아 두는 거야. 어지러웠던 책장을 정리하느라 몸을 움직이다 보면 활력이 생기고 새로 발견한 책을 읽고 싶은 의욕도 다시 생겨.

부정적인 기분이 휘몰아칠 때, 내가 어떻게 생각하고 행동하기로 '결정'하느냐에 따라 기분의 파장을 충분히 좋은 방향으로 바꿀 수 있다고 생각해. 마음과 몸은 연결되어 있기 때문에, 몸을 살짝 움직이는 것만으로도 기분의 파장에 영향을 줄 수 있다는 걸 알았거든.

　우울한 감정이 나를 압도할 때, 절대 물리칠 수 없는 거대한 먹구름처럼 느껴질 때, 그 기분에 속지 말고 미뤄 뒀던 책상 정리부터 해 봐. 일단 팔을 걷고 움직이는 것만으로 한결 기분이 산뜻해질 거야. 몸을 움직여서 우울한 기분을 돌파해 보는 경험은 '내 기분은 내가 지킬 수 있다'는 감각을 갖게 해 줘. 맑은 날에도 하늘에 구름이 끼는 것처럼 다시 또 무기력과 우울감이 찾아오겠지만, 그 기분을 다루는 방법을 알고 있으면 당황하지 않고 스스로 자리를 박차고 일어날 수 있어.

　둘째, 선생님이 '화분 비우기 작전'이라고 부르는 방법을 알려 줄게. 무기력할 때는 오히려 화분을 쏟는 것처럼 마음을 완벽하게 비우고, 그 자리에 새로운 씨앗을 심어 보는 게 도움이 될 거야. 그림책 『마음여행』을 보면 너처럼 가슴이 뻥 뚫린 아이가 등장해. 아이는 마음을 잃어버렸어. 평소와 다름없이 버스 정류장에서 내려서 멍하니 하늘을 쳐다본 어느 날이었지. 갑자기 가슴이 간지럽더니 동그란 마음 조각이 바닥에 툭 떨어진 거야. 그날부터 '3무(無) 증상'에 시달리기 시작했어. 너랑 비슷한 증상인지 한번 볼래?

3無 증상

첫 번째 증상, 갖고 싶은 것이 없어져 버렸다.
두 번째 증상, 하고 싶은 것도 없어져 버렸다.
세 번째 증상, 되고 싶은 것도 없어져 버렸다.

이렇게 '3無 증상'이 나타난다면 이참에 화분을 시원하게 갈아엎고 완전히 아무것도 없는 상태에서 다시 시작해 보는 거야. 오히려 새로운 씨앗을 심을 기회가 왔다고 생각해 보는 거지.

화분에 식물을 키워 본 적 있니? 정성껏 보살폈지만 말라 죽어 버릴 때가 있잖아. 이럴 때 화분에 새로운 식물을 심으려면 무엇부터 해야 하는지 알아? 화분을 뒤집어엎어서 완전히 비워야 해. 이미 시들어 버린 식물에 대한 아쉬움은 접어 두고 말이야. 그래야 신선한 흙을 담고 새로운 식물을 심을 수 있어.

자, 지금부터 팔을 걷어 올리고 시들어 버린 마음 조각을 홀가분하게 떨어뜨려 보자. 힘이 빠져 버린 내 마음을 '그럴 수도 있다'고 인정하고, 화분을 와락 쏟아 놓는 것처럼 완전히 비우는 거야. 시원하게 마음을 비웠으면 이제 '다시 시작'이라는 촉

촉한 흙을 채워 넣어 보자. 그리고 새로운 씨앗을 심는 것처럼 이런 것들을 시도해 봐.

비워 낸 화분에 새로운 씨앗 심기

- ♥ 절대 내 취향은 아니라고 생각했던 책을 슬쩍 펼쳐 읽어 보기
- ♥ 나랑 성향이 정반대라고 느꼈던 친구한테 먼저 말 걸어 보기
- ♥ 학교 마치고 집에 갈 때 한 번도 가 보지 않은 길로 걸어가면서 사소하지만 흥미로운 무언가를 발견하기

어때? 생각과 행동의 방향을 약간 다른 쪽으로 틀었을 뿐인데 신선한 공기를 들이마신 것처럼 호기심이 생겨날 거야. 선생님이 그랬지? 자신이 어떻게 생각하고 행동하기로 '결정'하느냐에 따라 기분의 파장을 충분히 좋은 방향으로 바꿀 수 있다고 말이야.

네 가슴은 결코 무기력하지 않아. 비로소 네 안을 깨끗이 비워 냈을 뿐이란다. 자, 이제 그 마음자리에 새로운 씨앗을 심을 차례야.

마음 약국 처방전
읽는 약

귀하
_____

효능
☑ 무기력 떨쳐 버리기　☑ 새로운 시도　☑ 호기심 회복

처방 그림책

『마음여행』

김유강 글·그림, 오올

갖고 싶은 것도, 하고 싶은 것도 없이 축 처질 때 이 그림책을 읽어 보세요. 시원하게 비워 내고 다시 시작할 힘을 얻을 수 있습니다.

마음에 붙이는 반창고 한 구절

그렇게 슬퍼하지 않아도 돼.
마음이 작아진 게 아니니까.
네 마음자리가 커진 거야.

> 처방 세부 내역

가슴이 텅 빈 것처럼 허전한 _____에게 '완전히 비우고 새로 심을 기회'를 처방합니다.

+ `새로운 씨앗 하나` 절대 내 취향은 아니라고 생각했던 책을 딱 한 권만 슬쩍 펼쳐서 읽어 보세요. 책 제목을 쓰고, 읽어 보니 어땠는지 메모해 보세요.

+ `새로운 씨앗 둘` 나랑 성향이 정반대라고 느꼈던 친구한테 먼저 말 걸어 보세요. 대화하면서 무엇을 느꼈는지 써 보세요.

+ `새로운 씨앗 셋` 학교 마치고 집에 갈 때 한 번도 가 보지 않은 길로 걸어 보세요. 사소하지만 흥미로운 무언가를 발견했다면 관찰한 것을 자세히 써 보세요.

2부

가족 때문에 눈물이 날 때

속마음을 제대로 말하지 못해서 숨이 막힐 때는 어떻게 하면 좋을까? 어깨에 멘 무거운 가방을 질질 끌면서 주변부를 맴돌지 말고, 핵심을 정확히 꺼내서 보여 줘야 해. 무엇이 너를 숨 막히게 하는지, 진정 원하는 것은 무엇인지 명확하게 표현해야만 해결 방법을 찾을 수 있어.

어린이 마음 약국

부모님 이혼이 제 잘못 같아서 괴로워요

지금부터라도 제가 더 노력하면 두 분이 안 싸울 수 있을까요?
마음을 다시 되돌릴 수 있을까요?

마음 약 편지 + 2인분 사랑 불변의 법칙

여전히 2인분의 사랑을 받고 있는 너에게
*
네 잘못이 아니라는 걸 기억해

> 엄마 아빠가 이제는
> 서로를 사랑하지 않는다고 해도
> 두 분은 모두 너를 깊이 사랑하셔.
> 엄마 아빠가 서로 이혼을 하는 것뿐이야.
> 너하고 이혼한 게 아니라는 말이지!
>
> ―『난 이제 누구랑 살지?』중에서

힘든 네 마음을 들려줘서 고마워. 선생님이 교실의 마음 약사로서 상담을 하면서 아이들과 가장 많이 이야기 나눈 주제가 바로 부모님의 이혼이야. 부모님의 이혼을 경험하면서 마음이 무너지는 아이들이 해마다 더 늘어나는 걸 실감해. 그런데 부모님이 이혼을 하면 상황이 어떻게 바뀌는지, 마음을 어떻게 추슬러야 하는지는 교과서에도 제대로 나오지 않고 어른들도 자세히 알려 주지 않지.

네 고민을 읽으면서 몇 해 전에 우리 반이었던 승재가 떠올랐어. 승재가 망연자실한 얼굴로 학교에 왔던 그날을 아직도 생생히 기억해. 폭염으로 숨이 턱턱 막히던 여름날, 머리카락부터 등까지 땀에 흠뻑 젖은 채 학교로 온 거야. 쉽게 문을 열지 못하고 교실 앞에 서 있던 승재는 금방이라도 울음을 터뜨릴 것 같았어.

"요즘 학교에 늦게 오는데… 무슨 일 있는지 말해 줄 수 있니? 선생님이 많이 걱정돼서 그래."

아무도 없는 교실로 들어가서 한참을 손잡고 다독였을 때 승재는 떨리는 목소리로 이렇게 말했어.

"내가 학교에 가면 집이 불타서 없어질까 봐… 너무 불안해요. 그래서 학교에 오다 말고 열 번씩 스무 번씩 집으로 돌아가서 확인했어요. 부모님이 맨날 싸우는데 이러다 진짜 이혼하고 우리 집도 불타 버리면 어떡해요? 그러면 나랑 동생이랑 어디 가서 살아요?"

꺽꺽 소리 내어 우는 승재를 끌어안았을 때 느꼈던 뜨거운 체온을 잊을 수 없어. 얼마나 불안했으면 그 더운 날 집 주변을 맴돌면서 확인하고 또 확인했을까…. 그날 활활 불타올라 까맣게 타들어 갔던 건 집이 아니라 승재의 작은 심장이었어. 부모님의 이혼을 경험할 때 아이들은 그동안 살던 집이 불타서 없어지거나 자기가 서 있는 땅이 아래로 푹 꺼지는 것처럼 불안감을 느껴. 영혼의 기반 자체가 와르르 무너지는 기분이 들기 때문이야. 그동안 많이 아프고 힘들었지? 너에게 도움이 될 만한 그림책과 함께 두 가지 이야기를 들려주고 싶어.

첫째, 네 잘못이 아니야. 다시 한 번 힘주어 말할게. 부모님의 이혼은 절대 네가 잘못해서 생긴 일이 아니야. 네가 잘못해서 이혼하는 것이 아니기 때문에 더 열심히 공부를 한다거나 엄마 아빠 말씀을 잘 듣는다고 해서 두 분의 마음을 되돌릴 수는 없어. 그러니 '그때 내가 더 잘했더라면….'이라는 자책과 후회로 너 자신을 아프게 하지 않았으면 좋겠어. 내 잘못이 아니라고 인정하고 상황을 있는 그대로 받아들였는데도 여전히 마음이 힘들 수 있어. 이런 질문이 불쑥불쑥 올라와서 다시 마음을 흙탕물로 만들기 때문이야.

"내 잘못이 아니라면 부모님은 도대체 왜 이혼을 하는 거죠? 그냥 모두 같이 살면 안 되나요?"

그럴 때 함께 읽으면 도움이 될 만한 그림책을 한 권 더 알려줄게. 바로 『풍선 세 개』(김양미, 시공주니어)야. 그림책을 펼쳐 보면 주인공이 너랑 똑같은 질문을 하는데 아빠가 이런 대답을 들려줘.

"아빠와 엄마는 13년 전에 함께 우물을 팠어. 그 우물에서는 맛 좋고 몸에 좋은 물이 샘솟았지. 그런데 시간이 흐르면서 물이 점점 줄어들다가 이젠 더 이상 한 방울의 물도 나오지 않게 되었어."

아빠와 엄마 두 사람은 함께 우물을 팠고 맑은 물이 콸콸 샘솟는 시절을 보냈어. 하지만 어느 시점부터 더 이상 물이 나오지 않더니 결국 우물은 바닥을 드러내고 말았어. 어떻게 그럴 수 있냐고? 그럴 수도 있어. 물이 영원히 솟아나면 좋겠지만 그렇지 않을 수도 있는 거야. 두 사람이 아무리 노력해도 물이 한 방울도 나오지 않고 우물 바닥이 쩍쩍 갈라지기만 한다면 어떻게 해야 할까? 안타깝고 가슴이 아프지만 날마다 목이 바싹 타 들어 가는 괴로움에 시달리는 것보다는 각자의 삶에서 새로운 우물을 파는 것이 더 나을지도 몰라.

둘째, '2인분 사랑 불변의 법칙'을 기억해. 엄마 아빠 두 분이 이혼한다고 해도 여전히 네 엄마, 네 아빠라는 사실만큼은 변함이 없어. 설령 두 분이 서로 사랑하지 않는다고 해도 여전히 너는 2인분의 사랑을 받고 있단다. 그러니까 이혼이라는 사건 때문에 네 영혼의 기반 자체가 활활 불타 버릴까 봐 불안해하지 않아도 돼. 너와 엄마 사이, 너와 아빠 사이에 있는 그 2인분만큼의 품은 어떤 일이 있어도 불타서 없어지지 않아.

우리 오늘은 실컷 울고, 내일부턴 눈물을 닦아 보자. 선생님이 같이 울어 줄게. 선생님이 줄 수 있는 1인분만큼의 품을 너에게 내어 주고 싶어. 충분히 울었다면 화장지에 코 한 번 크게 풀고, 저기 창밖을 바라보자. 이제 곧 비가 그치려나 보다. 저쪽을 봐, 구름 사이로 빛줄기가 새어 나오고 있네.

마음 약국 처방전

읽는 약

_____ 귀하

효능
☑ 불안과 절망 다루기   ☑ 마음을 돌보는 지혜   ☑ 현실적인 조언

처방 그림책

『난 이제 누구랑 살지?』
에밀리 멘데즈 아폰데 글, R. W. 앨리 그림, 노은정 옮김, 비룡소

부모님의 이혼으로 불안하고 막막할 때 이 그림책을 읽어 보세요. 현실적인 조언과 마음을 돌보는 지혜를 건네받을 수 있습니다.

마음에 붙이는 반창고 한 구절

엄마 아빠가 이제는 서로를 사랑하지 않는다고 해도
두 분은 모두 너를 깊이 사랑하셔.
엄마 아빠가 서로 이혼을 하는 것뿐이야.
너하고 이혼한 게 아니라는 말이지!

> 처방 세부 내역

두 발을 딛고 설 땅이 와르르 무너진 것처럼 불안하고 막막한
_____에게 '여기 앉아서 실컷 울 시간'을 처방합니다.

✚ 부모님의 이혼을 경험하면서 어떤 감정을 느꼈나요? 내가 느낀 뒤죽
박죽 복잡한 감정을 찬찬히 돌아보세요.

✚ 가장 힘들었던 순간은 언제인가요? 무엇 때문에 울었고 얼마나 아팠
는지 나 자신에게 물어보는 시간을 가지세요.

✚ 부모님이 이혼하더라도 꼭 지키고 싶은 것이나 변함없길 바라는 것이
있나요? 생각해 두었다가 부모님께 말씀드려 보세요.

 톡톡 고민 있어요 · 대화 단절

엄마 잔소리를 들으면 숨이 막혀요

> 집중해!

문제집을 풀고 있는데 어김없이 "똑바로 앉아서 집중해!"라는 잔소리를 들었어요. 엄마가 잔소리할 때마다 100톤짜리 짐을 어깨에 메고 산에 올라가는 것처럼 숨이 막혀요.

마음 약 편지 ✚ 관찰-필요-느낌-부탁 4단계로 말하기

하지 못한 말을 100톤만큼 어깨에 메고 걷는 너에게

*

일단 꺼내면
한결 편안해질 거야

나를 안아 주세요. 내가 안아 달라고 할 때만요.
너무 숨 막히게는 말고요. 나를 보호해 주세요.
하지만 스스로 세상을 발견하라는
응원도 해 주셔야 해요.

— 『내 마음, 들어 보세요』 중에서

편지를 읽으면서 커다란 가방을 메고 걷느라 어깨가 축 처진 네 뒷모습을 가만히 떠올려 봤어. 그동안 많이 무겁고 버거웠지? 교실에서 상담을 하다 보면 너처럼 엄마 잔소리가 숨이 막힌다고 털어놓는 아이들이 꽤 많아. 그런데 신기한 건 집에

서 그렇게 잔소리에 시달리는 아이들이 학교에서는 공부도 잘하고 친구들에게 인기도 많고 학급 회장을 도맡아 하는 경우가 많다는 점이야. 주변 사람들의 기대에 맞추느라 '잘 해야 한다'는 강박을 갖고 행동하다 보니 부담감에 어깨가 내려앉을 만큼 힘들었던 거야.

100톤짜리 짐을 어깨에 메고 산에 올라가는 것처럼 숨이 막힌다는 구절을 읽으면서 너의 답답함이 오랫동안 이어졌다는 것을 알았어. 처음에 1톤, 2톤, 10톤까지는 견딜 만했고 아무것도 아니라고 생각했지만, 짊어진 가방의 무게가 30톤, 60톤, 90톤으로 쌓이며 어느 순간 감당하지 못할 만큼 벅차게 느껴졌을 거라고 생각해.

선생님도 어릴 때 엄마 아빠한테 속마음을 말하는 게 어렵고 부담스러웠어. '잔소리를 조금만 줄여 달라고 너무 솔직하게 말하면 엄마가 서운하거나 기분 나쁘지는 않을까?' 이런 생각 때문에 정작 하고 싶은 말은 꺼내지도 못하고 이렇게 말하곤 했어.

속마음을 제대로 말하지 못할 때 보이는 대화 패턴

패턴 1 괜히 투정을 부린다.
"나 오늘 저녁밥 안 먹어!"

속마음 구구절절 말하지 않아도 내가 그만큼 힘들다는 걸 엄마가 좀 눈치채 주면 좋겠어.

패턴 2 본질이 아닌 주변부를 건드리면서 짜증을 낸다.
"엄마는 동생은 가만히 두면서 왜 나한테만 그래?"

속마음 내가 섭섭하다는 걸 엄마가 알아주면 좋겠는데 어디서부터 어떻게 말해야 할지 모르겠어.

사실 나에게는 저녁밥도, 동생도 별로 중요하지 않은데 그게 문제가 아닌데, 그래도 '이렇게 말하면 내가 힘들다는 걸 엄마가 좀 알아주지 않을까?' 하는 마음에 빙빙 둘러서 투정이나 짜증으로 표현했던 거야.

그렇게 말했더니 결과는 어땠을까? 어휴, 오히려 잔소리 폭탄만 두 배로 더 늘었지 뭐. 분명 말을 하긴 했는데 속마음을 엄마에게 제대로 전달하지 못했으니 본질적인 문제는 전혀 해

결되지 않은 채 기분만 잔뜩 상하고 말았어. '내 마음은 그런 게 아닌데….' 답답하고 서운해서 눈물을 뚝뚝 흘리며 꾸역꾸역 저녁밥을 먹었던 기억이 나.

 속마음을 제대로 말하지 못해서 숨이 막힐 때는 어떻게 하면 좋을까? 어깨에 멘 무거운 가방을 질질 끌면서 주변부를 맴돌지 말고, 핵심을 정확히 꺼내서 보여 줘야 해. 무엇이 너를 숨 막히게 하는지, 진정 원하는 것은 무엇인지 명확하게 표현해야만 엄마가 제대로 이해하고 해결 방법을 찾을 수 있어.

 그림책『내 마음, 들어 보세요』에도 너처럼 하지 못한 말이 가득 쌓여 있는 아이가 등장해. 책을 펼쳐 보면 아이가 의자 위에 올라가 벽에 속마음을 쓰고 있는 모습이 나와. 첫 구절은 이렇게 시작해.

> 엄마 아빠니까 말하는 건데요, 내가 말할 때는 귀를 기울여 주세요.

 자, 겨우 첫 구절은 뗐는데 막상 속마음을 털어놓으려니 대체 무엇부터 어떻게 말해야 할지 막막하다고? 이럴 때 도움이 될 만한 대화 방법을 한 가지 알려 줄게. 바로 '관찰-느낌-필요-부탁'의 4단계로 말하는 거야. 처음부터 말로 꺼내기는 어려우니까 먼저 그림책 속 아이처럼 글로 써 보는 것을 추천해. 엄마에게 이렇게 편지를 써 봐.

엄마, 부탁이 있어요. 엄마가 도와주시는 건 고맙지만 엄마랑 같이 앉아서 문제집을 풀다 보면 저는 앉은 자세가 조금만 흐트러져도 잔소리를 듣게 돼요.

☛ 상황을 있는 그대로 '관찰'하기

그때부터는 초긴장 상태가 되어서 공부에 집중할 수가 없고, 앉아 있는 자체만으로도 가슴이 답답해요.

☛ 내 '느낌'을 솔직하게 말하기

지금 저에게 필요한 것은 엄마의 세심한 도움보다는 저를 믿어 주고 기회를 주는 일이라고 생각해요.

☛ 내가 '필요'한 것 말하기

> 앞으로 수학 문제집은 제 방에서 혼자 풀도록 하면 어떨까요? 엄마, 부탁드릴게요.
>
> ☛ 바라는 점을 구체적으로 '부탁'하기

어때, 하지 못했던 말을 꺼내는 것만으로도 한결 숨 쉬기가 편안해졌지? 이렇게 관찰-느낌-필요-부탁의 4단계로 말하는 것을 '비폭력 대화'라고 해. 비폭력 대화는 미국의 심리학자 마셜 로젠버그가 제시한 대화 방법인데, 상대방을 비난하지 않으면서도 내 감정과 욕구를 명확하게 표현할 수 있어.

처음에는 어색하고 어렵게 느껴질 수 있지만, 대화를 할 때 이 4단계를 기억하고 의식하는 것만으로도 큰 도움이 될 수 있어. 선생님도 아직 어렵지만 그래도 이 방법으로 말하기를 연습한 덕분에 투정과 짜증 대신 내가 말하고 싶은 본질에 집중해서 이야기하는 습관을 갖게 되었어. 잘 기억했다가 활용할 수 있도록 비폭력 대화의 관찰-느낌-필요-부탁 4단계를 질문과 함께 정리해 줄게.

'관찰-느낌-필요-부탁' 4단계로 말하는 방법

1단계 지금 나는 어떤 상황이지? 있는 그대로 '관찰'해서 말하기
2단계 나는 어떤 감정이 들었지? 그때 내 '느낌'을 말하기
3단계 나에게 중요한 것은 무엇이지? 내가 '필요'한 것 말하기
4단계 상대방에게 원하는 행동이 무엇이지? 구체적으로 '부탁'하기

차근차근 4단계를 짚어 나가면서 편지를 쓰긴 했는데, 어떻게 마무리하면 좋을지 모르겠다고? 그럴 때는 아까 추천해 준 그림책을 펼쳐서 네 마음과 꼭 닮은 구절을 찾고 마음을 담아서 이렇게 써 봐. 분명 진심을 엄마에게 전할 수 있을 거야.

> 엄마가 싫어서 이런 말을 하는 게 아니에요. 저를 사랑하는 방법을 조금만 바꿔 주세요. 저는 엄마가 안아 주는 게 좋아요. 하지만 제가 안아 달라고 할 때, 너무 숨 막히지 않게만 안아 주셨으면 좋겠어요. 엄마가 나를 보호해 주는 것도 좋지만 저는 스스로 세상을 발견하고 싶어요.
> 엄마, 내 마음을 들어주셔서 감사해요. 많이 사랑해요.

마음 약국 처방전
읽는 약

_____ 귀하

효능
☑ 마음의 소리 ☑ 솔직하게 말하기 ☑ 관계 회복하기

처방 그림책

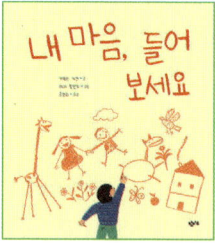

『내 마음, 들어 보세요』
카트린 게겐 글, 레자 달반드 그림,
윤경희 옮김, 창비교육

부모님께 하지 못한 말이 쌓여서 숨이 막힐 때 이 그림책을 읽어 보세요. 속마음을 털어놓을 용기를 얻고 소통의 물꼬를 틀 수 있습니다.

마음에 붙이는 반창고 한 구절
나를 안아 주세요. 내가 안아 달라고 할 때만요.
너무 숨 막히게는 말고요.
나를 보호해 주세요.
하지만 스스로 세상을 발견하라는 응원도 해 주셔야 해요.

처방 세부 내역

하지 못한 말에 짓눌려서 숨이 막히는 _____에게 '관찰-느낌-필요-부탁 4단계로 속마음을 표현하는 연습 시간'을 처방합니다.

+ 최근에 부모님이나 친구, 선생님 또는 형제자매에게 속마음을 털어놓지 못해서 힘들었던 적이 있나요? 어떤 일이 있었는지 마치 사진을 찍는 것처럼 상황을 있는 그대로 '관찰'해서 써 보세요.

+ 그때 나는 어떤 감정을 느꼈나요? 아래의 감정 단어를 참고해서 나의 '느낌'을 솔직하게 써 보세요.
  감정 단어: 걱정되는, 겁나는, 막막한, 조바심 나는, 불편한, 답답한, 서러운, 속상한, 안타까운, 허탈한, 실망스러운, 혼란스러운 등

+ 그때 나에게 중요한 것은 무엇이었나요? 내가 원하는 것은 무엇이었나요? 아래의 욕구 단어를 참고해서 나의 '필요'에 대해 써 보세요.
  욕구 단어: 소통, 연결, 배려, 존중, 공감, 이해, 수용, 지지, 인정, 애정, 관심, 믿음, 참여, 여유, 소속감, 편안함 등

+ 내가 바라는 점은 무엇인가요? 구체적으로 '부탁'해 보세요.

똑똑! 고민 있어요

가족의 죽음

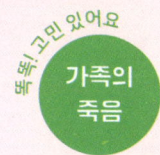

할아버지가 돌아가시고 나서 엄마가 혼자 자주 우세요

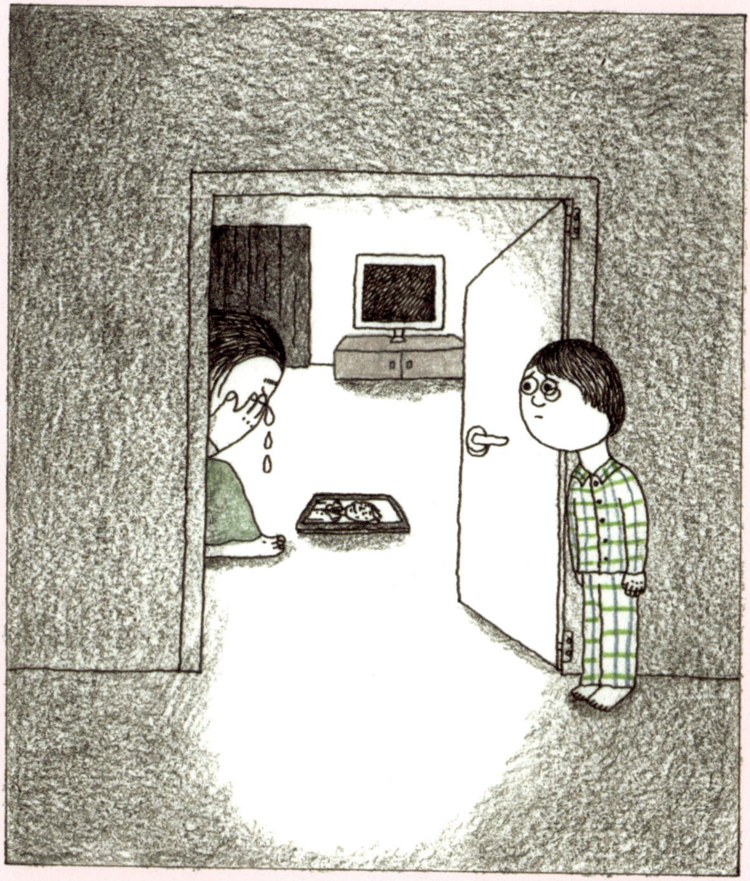

최근에 할아버지가 돌아가셨어요. 엄마는 괜찮은 척하지만 밤에 거실에서 혼자 울고 계실 때가 많아요. 엄마를 위로해 주고 싶은데 어떻게 해야 할지 모르겠어요. 언젠가 엄마도 하늘나라에 간다고 생각하면 너무 슬퍼요.

마음 약 편지 + 나뭇잎 애도법

나뭇잎을 떨어뜨리며 울고 있는 너에게
*
좋은 기억들이
버팀목이 되어 줄 거야

> 걱정하지 마.
> 때때로, 어떤 순간들엔,
> 이렇게 놓아줘야 할 때도 있단다.
> 하지만, 소중한 잎들은 잘 지니고 있어야 해.
> 그 기억들은 네가 비바람을 마주쳤을 때
> 너를 보호해 줄 거거든.
> 좋은 기억들은 너를 따뜻하게 해 줄 거야.
>
> ―『나뭇잎의 기억』중에서

슬픈 일이 있었구나. 갑자기 사랑하는 사람을 잃는 건 가족

모두에게 정말 힘든 일이야. 할아버지가 돌아가신 것도 충격이 크지만, 언젠가 우리 엄마도 하늘나라에 갈 수 있다고 생각하면 더욱 슬퍼진다는 네 말에 공감해.

선생님도 지난달에 장례식장에 다녀왔어. 가까운 친구의 아버지가 돌아가셨거든. 주룩주룩 비가 내리는 날, 눈이 퉁퉁 부은 채 상복을 입고 서 있는 친구와 그 품에 안긴 갓난아기를 보는데 와락 눈물이 났어. 아무 말도 하지 못한 채 친구와 아기를 꼭 끌어안고 등을 토닥여 주었단다.

그리고 영정 사진 속에 웃고 있는 친구 아버지의 얼굴을 한참 보았어. 친구와 꼭 닮은 선한 입매와 눈 주변에 가득한 웃음 주름을 보면서 고인의 명복을 빌었어.

집에 돌아오는 길, 우산에 떨어지는 빗소리를 들으면서 걷는데 그렇게 아빠 생각이 나더라. 우리 아빠도 언젠가 세상을 떠날 테고 영정 사진 속에서 나와 꼭 닮은 얼굴로 웃고 계실 텐데, 도무지 그 얼굴을 마주할 자신이 없는 거야.

우리는 누구나 죽어서 한 줌의 흙으로 돌아가는 존재잖아.

그런데 나 자신과 내 가족들도 언젠가 죽는다는 사실을 받아들이기는 쉽지 않은 것 같아. 장례식장이나 큰 병원처럼 삶과 죽음이 맞닿은 장소에 다녀올 때에야 비로소 삶이 영원하지 않다는 사실을 깨닫지.

사랑하는 가족이 세상을 떠났을 때 그 상실감을 어떻게 대처하면 좋을까? 혼자 울고 있는 가족을 어떤 말로 위로할 수 있을까? 너에게 도움이 될 만한 그림책과 나뭇잎 애도법을 알려 주고 싶어.

나뭇잎 애도법 3단계

하나 나뭇잎 기억을 피워 내기

할아버지에 대한 기억을 꺼내어서 엄마와 이야기 나눠 봐. 그림책 『나뭇잎의 기억』을 펼치면 두 그루의 나무가 등장해. 큰 나무는 싱그러운 초록빛 잎을 매달고 있는데, 이 잎은 바로 '기억'을 의미해. 살면서 경험하고, 보고, 듣고, 느꼈던 것들이 나뭇잎처럼 내 마음 가지에 돋아나는 거야.

너는 할아버지에 대해서 어떤 기억을 갖고 있니? 오랜 시간이 흘러도 기억나는 건 특별하거나 거창한 순간이 아니라 아주 사소하고 일상적인 순간인 경우가 많더라.

할아버지가 꼭 안아 줄 때 느꼈던 턱수염의 꺼슬꺼슬한 감촉, 환하게 웃을 때마다 주름지던 눈가, 이름을 불러 주던 정겨운 목소리…. 이런 기억을 꺼내서 엄마와 대화해 봐. 그리고 이렇게 말씀드려 봐.

"엄마, 우리가 잊지 않는 한, 할아버지는 사라지지 않는대요. 이제 더 이상 할아버지를 볼 수도, 만질 수도 없지만, 기억은 여전히 우리 곁에 있잖아요. 엄마가 기억하는 할아버지에 대해 들려주세요. 엄마에게 남은 할아버지의 흔적을 저도 오래도록 기억하고 싶어요."

둘 나뭇잎 기억을 떨어뜨리기

어떤 순간이 오면 낙엽을 떨어뜨리듯 나뭇잎을 놓아주어야 해. 그림책 『나뭇잎의 기억』에서 나무는 잎을 피워 내기도 하지만 떨어뜨리기도 해. 살다 보면 좋은 기억만 가질 수는 없어. 힘들어서 주저앉는 순간도 있고, 깊은 절망감에 빠져 눈물만 흘리는 순간도 있지.

특히나 사랑하는 가족과 이별을 경험하다 보면 후회와 그리움, 슬픔과 허망함이 물밀 듯이 닥쳐올 때가 있어. 밤이면 주체할 수 없어서 혼자 거실에 나가 소리 죽여 울고 싶을 정도로 말이야.

그럴 때 혼자 웅크린 채 울고 있는 엄마의 등이 슬퍼 보여도 너무 걱정하지는 마. 아마도 엄마는 새로운 계절을 맞이한 나무처럼 잎을 떨어뜨리면서 어떤 순간을 놓아주고 계실 거야. 아픔과 후회, 비통함과 허망함은 눈물과 함께 낙엽처럼 떨어뜨리고, 오래도록 간직할 소중한 기억만을 남기는 과정일 거야.

셋 마지막까지 남은 나뭇잎 기억을 간직하기

마지막으로 선생님이 좋아하는 영화 한 편을 알려 줄게. 고레에다 히로카즈 감독의 영화 「원더풀 라이프」야. 이 영화를 보면 죽은 사람들이 천국에 가기 전에 '림보'라는 중간 역에 일주일간 머물러. 여기서 가장 소중한 추억의 순간을 딱 하나씩 고르면, 림보의 직원들이 그 추억을 단편 영화로 만들어서 상영해 주거든.

영화 속에서 림보의 직원들은 죽은 사람들이 가장 소중한 순간을 마지막으로 생생하게 경험할 수 있도록 도와줘. 배경과 분위기, 대사까지 심혈을 기울여서 한 사람만을 위한 영화를 연출하지. 엄마가 귀를 파 주던 순간의 평화로움, 어릴 때 빨간 구두를 신고 춤을 췄던 순간의 흥분 같은 것들이 한 편의 단편 영화에 고스란히 담겨. 죽은 사람은 림보를 떠나기 전에 마지막으로 그 영화를 관람하고, 딱 하나의 기억만을 간직한 채 천국으로 가는 거야.

혹시 지금 할아버지가 '림보'에 머물면서 딱 하나의 추억을 고르고 있다면, 어떤 순간을 고르실까? 할아버지와 너의 기억 중에서 가장 소중한 추억의 순간을 단편 영화로 만든다면, 너는 어떤 순간을 선택하고 싶니?

늦가을의 추운 바람에 잎이 우수수 떨어져도 마지막까지 남아 있는 딱 하나의 나뭇잎이 있을 거야. 그 잎을 영화 속 한 장면처럼 생생하게 간직하기를 바라. 살다가 어떤 비바람을 마주치더라도, 마지막까지 굳건하게 남은 그 나뭇잎 기억이 너를 보호해 줄 거야.

어느새 춘분이 지났더라. 겨우내 죽은 것처럼 말랐던 나뭇

가지에 물이 오르고 새순이 파릇파릇하게 돋아나는 날들이야. 할아버지를 떠나보내며 엄마와 부둥켜안고 우는 이 순간의 기억도 네 안에서 새잎이 되어 피어오르고 있어. 훗날 바람이 불고 잎사귀가 흔들릴 때마다 그 기억들이 되살아나 너에게 커다란 버팀목이 되어 줄 거라 믿어.

마음 약국 처방전
읽는 약

_____ 귀하

효능
☑ 상실감에 대처하기 ☑ 애도의 방법 ☑ 슬픔에 빠진 가족을 위로하기

처방 그림책

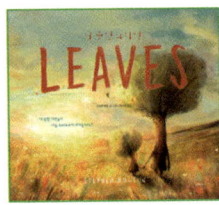

『나뭇잎의 기억』

스티븐 헉튼 글·그림, 김지유 옮김, 언제나북스

사랑하는 가족과 이별하며 마음이 힘들 때 이 그림책을 읽어 보세요. 나뭇잎처럼 돋아난 소중한 기억이 위로와 힘을 전해 줄 것입니다.

마음에 붙이는 반창고 한 구절

걱정하지 마.
때때로, 어떤 순간들엔, 이렇게 놓아줘야 할 때도 있단다.
하지만, 소중한 잎들은 잘 지니고 있어야 해.
그 기억들은 네가 비바람을 마주쳤을 때 너를 보호해 줄 거거든.
좋은 기억들은 너를 따뜻하게 해 줄 거야.

처방 세부 내역

상실감으로 눈물 흘리는 _____에게 '나뭇잎 애도법'을 처방합니다.

+ 하나 나뭇잎 기억을 피워 내기
그리워하는 사람에 대해 내가 갖고 있는 나뭇잎 기억은 무엇인가요? 특별하거나 거창한 순간이 아니라도 아주 사소하고 일상적인 순간 중에서 기억하고 싶은 장면을 떠올려 보세요.

+ 둘 나뭇잎 기억을 떨어뜨리기
잎을 떨어뜨리는 것처럼 이제는 놓아주고 싶은 기억이 있나요? 아픔과 후회, 비통함과 허망함은 눈물과 함께 낙엽처럼 떨어뜨려요.

+ 셋 마지막까지 남은 나뭇잎 기억을 간직하기
가장 소중한 추억을 단편 영화로 만든다면, 어떤 순간을 선택하고 싶나요? 영화 속 장면처럼 생생하게 묘사해 보세요.

똑똑! 고민 있어요

사춘기 반항

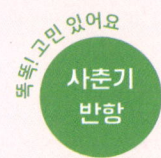

엄마를 사랑하지만 동시에 엄마에게서 멀리 벗어나고 싶어요

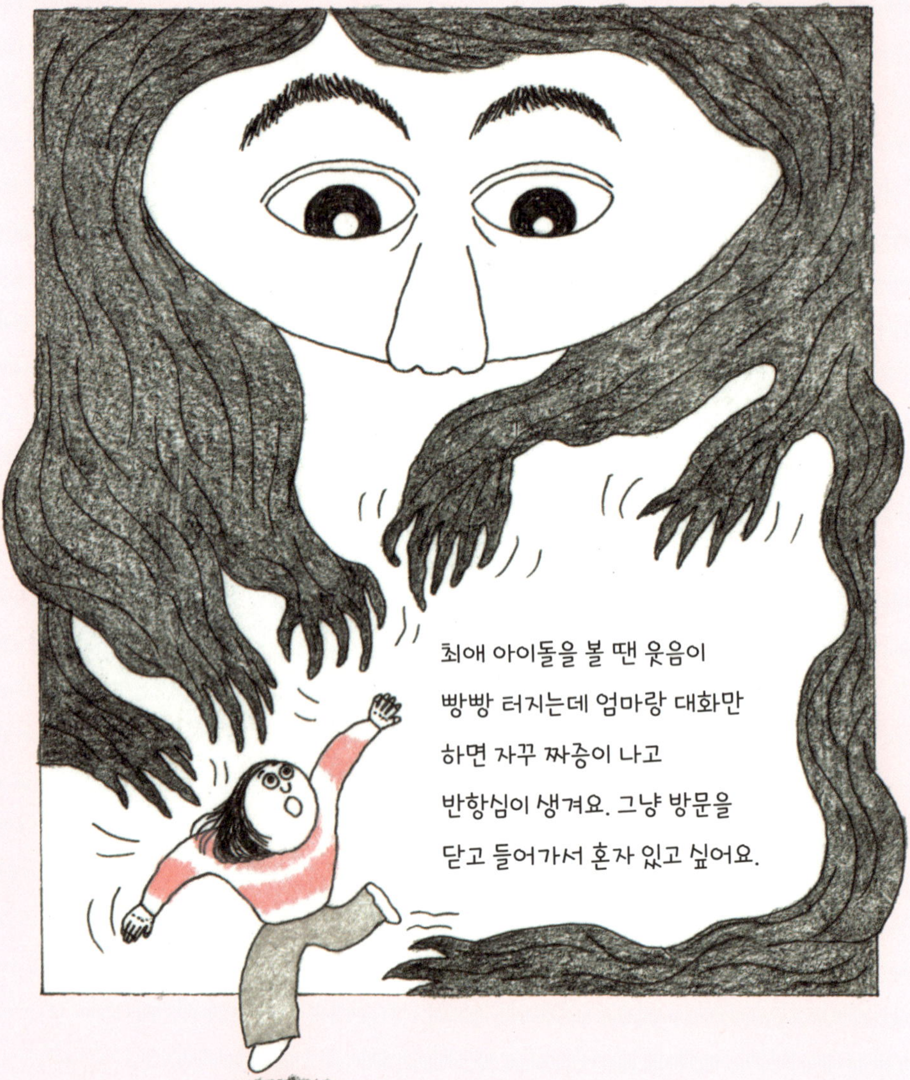
최애 아이돌을 볼 땐 웃음이 빵빵 터지는데 엄마랑 대화만 하면 자꾸 짜증이 나고 반항심이 생겨요. 그냥 방문을 닫고 들어가서 혼자 있고 싶어요.

마음 약 편지 ✛ 계절에 맞는 각각의 힘

새로운 계절을 통과하고 있는 너에게
*
방문을 닫더라도
마음의 문은 살짝 열어 둬

도대체 무슨 생각을 하는 거니?
네가 멀어질까 엄마는 두려워.

엄마도 내게 모든 걸 말하지 않잖아요.
나도 말하고 싶지 않은 것이 있어요.

— 『너는 나의 모든 계절이야』 중에서

네가 써 준 편지를 읽으면서 흠칫 놀랐어. 선생님이 어릴 때 일기장에 써 놓은 글과 너무 똑같아서 말이야. 혹시 선생님 일기장을 몰래 훔쳐본 건 아니지? 세상에 태어난 모든 아들과 딸

들은 엄마를 지독하게 사랑하면서도 멀리 벗어나고자 애쓰고, 반항하고, 다시 끌어안으면서 성장한단다.

엄마는 어떤 존재일까? 엄마는 나를 가장 많이 사랑하고 나와 제일 가까운 동시에 나에게 가장 큰 상처를 줄 수도 있는 사람이야. 엄마는 지구상에 존재하는 수많은 사람들 중 나랑 가장 많이 닮았고, 동시에 내가 절대로 닮고 싶지 않은 면모를 갖고 있는 사람이기도 해. 아빠나 조부모님과 살고 있어서 엄마를 자주 만날 수 없어도, 엄마가 세상을 떠나서 다시는 만날 수 없다고 해도, 엄마는 이 세상 그 어떤 존재보다 나에게 큰 영향을 줘. 엄마는 참 신기한 존재지?

우리는 그 누구보다도 엄마가 나에게 관심을 가져 주길 바라지만, 어느 시점부터는 엄마로부터 최대한 멀리 벗어나고 싶어 하기도 해. 왜 그럴까? 엄마를 더 이상 사랑하지 않기 때문이 아니라, 관계가 새로운 계절을 통과하는 것처럼 자연스럽게 변했기 때문이야. 관계는 마치 계절과도 같아. 봄, 여름, 가을, 겨울, 그리고 다시 새봄에 이르기까지, 계절이 흐르는 것처럼 너와 엄마의 관계도 변화하며 흘러가.

이렇게 관계의 계절이 변할 때 엄마와 잘 지낼 수 있는 방법을 알려 줄게. 바로 '각각의 계절을 건강하게 나는 각각의 힘'을 키우는 거야. 소설집 『각각의 계절』(권여선, 문학동네)을 펼쳐서 읽다가 단편소설 「하늘 높이 아름답게」의 마지막 부분에서 이런 문장을 건져 올린 적이 있어.

한 계절이 가고 새로운 계절이 왔다. 마리아의 말대로라면 새로운 힘이 필요한 때였다. 각각의 계절을 나려면 각각의 힘이 들지요.

이 소설을 쓴 권여선 작가는 한 사람이 인생을 살아 내려면 하나의 힘만 필요한 게 아니라 각각의 시절에 맞는 각각의 힘들이 필요하다고 말해. 계절의 변화에 따라 쓰는 힘이 달라지기 때문이야. 이를테면 봄에는 움트는 힘이 필요하지만 여름엔 땡볕을 견디며 영그는 힘이 필요하잖아. 가을에는 제때에 열매 맺는 힘이 필요하지만 겨울엔 죽은 듯 휴식하며 버티는 힘이 필요하지. 계절에 따라 살아 낼 힘이 달라지는 거야.

관계의 계절도 마찬가지야. 한 계절이 가고 새로운 계절이 올 때, 계절에 맞는 새로운 힘을 길러야 적응할 수 있어. 엄마와 함께 관계의 계절을 건강하게 나기 위해서 어떤 힘이 필요한지 알려 줄게.

관계의 계절을 건강하게 나기 위한 각각의 힘

봄 있는 그대로 존재하는 힘

아기가 태어나서 자라날 때는 꽃망울이 터지는 봄처럼 모든 것이 찬란해. 아기가 똥만 싸도 온 가족이 잘했다고 박수를 치고, 아기가 뒤뚱뒤뚱 걷기만 해도 엄마는 눈시울이 붉어져. 네 엄마는 봄날의 햇살 같은 얼굴로 너를 바라보았고 너에게 엄마는 세상의 전부였어. 이 계절에 너에게 필요한 힘은 그저 '있는 그대로 존재하는 힘'이야. 너는 존재 자체만으로 엄마의 희망이자 빛나는 꿈이 되어 주었단다.

여름 방문은 닫더라도 마음의 문은 살짝 열어 놓는 힘

그러다 어느새 여름이 와. 이제 너는 엄마랑 집에서 노는 것보다 밖에 나가서 친구들과 노는 것이 훨씬 재미있어. 종일 손에 핸드폰을 쥐고 친구에게 메시지를 보내며 키득대고, 좋아하는 아이돌의 영상을 찾아볼 때 가장 행복하지. 이럴 때 엄마가 자꾸 간섭하면 짜증이 나고 내 마음을 몰라주는 것 같아서 서

운해. 여름날 장마처럼 마음에 주룩주룩 비가 내리는 기분이 드는 거야. 어느 날부터는 방문을 닫고 들어가서 혼자 이어폰을 귀에 꽂고 있는 게 더 편해지지.

그림책 『너는 나의 모든 계절이야』를 보면 너처럼 고민하는 엄마와 아이가 등장해. 아이는 엄마 품속에서 아장아장 걷기 시작하지만 어느새 엄마랑 함께 있어도 친구들을 바라보고 담장 너머에 있는 꽃을 꺾고 싶어 하고 새처럼 날아가고 싶어 해. 이럴 때 엄마는 어떤 마음일까? 이런 구절이 나와.

도대체 무슨 생각을 하는 거니? 네가 멀어질까 엄마는 두려워.

비가 주룩주룩 내리는 날, 우산을 따로 쓴 채 엄마와 멀찍이 떨어져 서 있는 아이는 이렇게 대답해.

엄마도 내게 모든 걸 말하지 않잖아요. 나도 말하고 싶지 않은 것이 있어요.

이윽고 아이가 방문을 닫고 들어갔을 때 엄마는 장미 가시에 가슴이 찔리는 것처럼 눈물이 나.

그런데 그거 알아? 화창한 날이나 세차게 바람이 불고 눈이 내리는 날이나 엄마는 항상 너를 향해 있다는 거. 네가 등을 돌릴 때마다 엄마는 몸의 일부가 떨어져 나가는 것처럼 아프고 서운하지만 그럼에도 불구하고 너를 있는 그대로 바라보고 존중하기 위해 무진장 애쓴단다. 이 계절에 너에게 필요한 힘은 '방문은 닫더라도 마음의 문은 살짝 열어 놓는 힘'이야. 살짝 열어 놓은 문 틈으로 엄마는 네 등을 바라보며 하염없이 사랑을 전해 주실 거야.

가을 사춘기와 갱년기를 끌어안는 힘

여름 한철 소나기가 그치고 선선한 초가을의 바람이 불기 시작하면, 뜨겁게 열병을 앓던 사춘기도 차츰 식어 갈 거야. 네가 곪아 터진 여드름을 짜내며 사춘기를 통과할 동안 엄마는 얼굴에 열이 확 오르는 갱년기를 겪고 있을 확률이 높아. 어쩌면 엄마는 요즘 매일 잠을 잘 못 자서 피곤하고 우울한 상태인 데다 감정 기복이 심한 증상에 시달리고 있을지도 모르지. 그러고 보니 사춘기 열병 증상이랑 똑같다고? 사춘기와 갱년기는 호르몬에 변화가 생기고 인생의 격동기를 보낸다는 점에서 비슷해. 두 시기가 비슷한 증상을 보이지만 사춘기는 인생의 오르막을, 갱년기는 내리막을 향하니 방향은 반대인 셈이고 말이야.

이 계절에는 '사춘기와 갱년기를 끌어안는 힘'이 필요해. 네가 사춘기를 겪으면서 낯설고 버거웠던 딱 그만큼, 엄마도 갱년기가 혼란스럽고 사춘기 자녀와 관계를 맺는 것도 어렵다는 걸 알아주길 바라. 엄마도 엄마 노릇이 처음이라 낯설고 막막하다는 걸 잊지 말고 손을 꼬옥 잡아 드려.

겨울 귀중하게 대하는 힘

겨울이 오면 너는 훌쩍 커 버린 채 엄마를 벗어나 온전한 너 자체로 살게 될 거야. 엄마에게 말하고 싶지 않은 건 말하지 않아도 돼. 다만 계절이 흐르는 동안 모든 순간마다 엄마의 관심과 사랑을 있는 그대로 존중해 주길 바라. 존중은 '귀중하게 대하는 마음'이야. '귀하다'의 반대말이 무엇인 줄 아니? 바로 '귀치않다', 즉 '귀찮다'야. 그러니 '사랑'의 반대말은 바로 '귀찮게 여기는 마음'이 아닐까?

매일 엄마가 만들어 주는 반찬 하나, 매일 듣는 엄마의 단골 잔소리 한마디를 귀찮게 여기지 않고 귀중하게 대해 봐. 선생님이 사계절을 통과하며 추운 겨울을 맞이해 보니까 때로 귀찮게 여겼던 엄마의 사소한 관심들이 사무치게 그립더라. 이제 다시는 돌아갈 수 없는 그 설익은 계절의 순간들을 떠올리면 가슴이 아릴 만큼 애틋해.

 머물고 싶어도 계절은 그저 제 갈 길을 가고 한 시절은 아쉽게도 흘러가. 이 계절은 나에게 어떤 흔적을 남겼을까? 계절이 지나간 자리를 손끝으로 가만히 만져 보렴.

마음 약국 처방전
읽는 약

_____ 귀하

효능
- ☑ 관계의 변화 이해 ☑ 사랑의 과정 ☑ 회복과 그리움

처방 그림책

『**너는 나의 모든 계절이야**』
유혜율 글, 이수연 그림, 후즈갓마이테일

엄마랑 대화하기 싫고 방문을 닫고 혼자 있고 싶을 때 이 그림책을 읽어 보세요. 새로운 계절을 통과하는 사랑의 과정을 이해할 수 있습니다.

마음에 붙이는 반창고 한 구절

도대체 무슨 생각을 하는 거니?
네가 멀어질까 엄마는 두려워.
엄마도 내게 모든 걸 말하지 않잖아요.
나도 말하고 싶지 않은 것이 있어요.

처방 세부 내역

엄마를 사랑하고, 멀리 벗어나고자 애쓰고, 반항하고, 다시 끌어안는 _____에게 '관계의 계절을 통과하는 각각의 힘'을 처방합니다.

✚ 관계의 계절을 건강하게 나기 위한 각각의 힘은 무엇이 있을까요? 봄, 여름, 가을, 겨울 각 계절마다 나에게 필요한 힘을 적어 보세요.

봄 태어나서 학교에 들어갈 때까지 어떤 힘으로 살아가야 할까요?
㉠ 그저 있는 그대로 존재하고 마음껏 감탄하는 힘

여름 방문을 닫기 시작하고 사춘기가 시작되는 계절에 나 자신과 엄마를 붙잡아 줄 수 있는 힘은 무엇일까요?
㉠ 어색함을 깨고 대화를 시도하는 힘

가을 사춘기의 열기가 식고 엄마를 다시 끌어안고 싶은 계절이 오면 어떤 힘이 필요할까요?
㈎ 타인의 입장에서 나를 바라보는 힘

겨울 엄마를 벗어나 온전한 자신으로 살아야 하는 계절에 나는 어떤 힘을 발휘할 수 있을까요?
㈎ 엄마에게 받은 배려와 사랑을 다시 흘려보내는 힘

발달 장애를 가진 동생이 있어요
괜찮은 척하지만 저도 외로워요

엄마 아빠는 언제나 동생을 챙기느라 바쁘고 온 정신이 동생을 향해 있어요.

저도 관심받고 싶고 투정 부리고 싶지만 엄마 아빠가 힘들까 봐 꾹 참아요. 가족이랑 있어도 쓸쓸한 기분이 들어요. 가끔은 이런 내가 불쌍하게 느껴져서 슬퍼요.

마음 약 편지 + '척' 가면을 벗기

종이처럼 구겨진 마음을 꺼내지 못하는 너에게

✳

괜찮지 않아도
괜찮아

나는 동생이 좋다.
하지만 같이 있으면 내 마음은
구겨진 종이처럼 엉망이 된다.
이런 생각을 하는 나는 나쁜 아이일까.

집에서는 다들 동생만 챙긴다.
얘기 좀 들어줘요. 나도 좀 봐줘요.
나는 늘 외톨이가 된 기분이다.

— 『다른 애들이랑 똑같이 할 수가 없어』 중에서

그동안 몰랐던 네 이야기를 이렇게 편지로 써 줘서 고마워. 관심받고 싶고 투정도 부리고 싶지만 엄마 아빠가 힘들까 봐 꾹 참는다는 문장을 읽으면서 너를 꼭 안아 주고 싶었어. 이따금 서럽기도 하고 많이 외로웠지? 너에게 도움이 될 만한 책을 두 권 알려 주고 싶어.

먼저, 그림책 『다른 애들이랑 똑같이 할 수가 없어』를 건네줄게. 이 책의 주인공도 너랑 비슷한 상황을 겪고 있어. 아이의 동생은 장애가 있는데 말을 더듬는 데다 툭하면 넘어져서 맨날 친구들에게 놀림을 받아. 아이는 동생이 창피하지만 그럴 때마다 자신이 나쁜 아이가 되는 것 같아서 마음이 불편해.

"얘기 좀 들어줘요. 나도 좀 봐줘요."라고 말하고 싶지만 엄마는 동생을 챙기느라 정신이 없고, 아빠도 동생이 우선이야. 바쁜 엄마 아빠의 등을 쳐다보면서 하고 싶은 말을 속으로 삼키다 보면 이런 생각이 들어.

'나는 왜 늘 외톨이가 된 기분을 느껴야 할까? 동생이 싫은 건 아니야. 하지만 동생과 같이 있으면 늘 구겨진 종이처럼 엉망이 되는 내 마음, 이걸 도대체 어떻게 감당해야 하는지

혼란스럽고 버거워.'

네 마음이랑 똑같아서 깜짝 놀랐다고? 이 책의 글을 쓴 작가 유아사 쇼타는 일본의 소아과 의사 선생님인데, 실제로 어릴 때부터 장애가 있는 동생과 함께 자랐어. 장애가 있는 아이들의 형제자매에게 '너는 혼자가 아니야.'라고 말해 주고 싶어서 이 책을 집필했다고 해. 작가는 동생 때문에 힘들 때도 있었지만 동생 덕분에 장애가 있는 아이들과 그 가족이 살기 편한 세상을 만들고 싶다는 꿈을 갖게 되었대. 의사로서 몸이 아픈 아이들을 치료하면서 동시에 작가로서 마음이 아픈 아이들에게 위로를 전하는 사람이 된 거야.

이 책을 읽으면서 네가 '나만 그런 게 아니구나.' 하는 안도감을 느끼면 좋겠어. 살다 보면 가끔씩 다른 사람들은 다 멀쩡히 잘 사는데 나만 어려움을 겪는 것 같을 때가 있어. 그럴 때 너 말고도 많은 아이들이 장애를 가진 형제의 가족으로서 고민하고 넘어지고 다시 일어나며 살아가고 있다는 걸 기억해 줘. 너에게 작은 위안이 될 수 있으면 좋겠어.

두 번째로는 『'나는' 괜찮지 않아도 괜찮아』(비장애형제 자조

모임 '나는', 한울림스페셜)라는 책을 추천하고 싶어. 혹시 '비장애 형제'라는 단어를 알고 있니? 비장애 형제는 장애인을 형제자매로 둔 비장애인을 뜻하는 말이야. 이런 단어가 있는 줄도 몰랐다고? 선생님도 이 책을 읽고 나서 비장애 형제들이 서로 돕고 함께 성장하는 모임이 있다는 것을 알았어. 바로 '나는'이라는 모임이야. '나는'이라는 이름은 두 가지 의미를 갖고 있어. 먼저 '엄마, 나는?' 하고 묻고 싶었지만 그럴 수 없었던 어린 시절의 자신에게 스스로 안부를 묻는다는 의미, 그리고 자기 정체성과 삶의 의미를 스스로 찾으며 '나는!'이라고 외치자는 의미를 담았다고 해.

장애가 있는 아이가 주인공인 드라마나 영화를 본 적이 있니? 작품 속에서 비장애 형제는 보통 가족을 돕는 '천사 같은 아이'나 장애 형제를 부정하는 전형적인 '반항아'의 모습으로 그려질 때가 많아. 주인공에 비해 특별한 존재감도 없고 말이야. 『'나는' 괜찮지 않아도 괜찮아』를 읽어 보면 드라마가 아닌 현실에서 비장애 형제들이 실제로 겪는 정체성 문제를 살펴볼 수 있어.

비장애 형제들은 장애 형제를 비롯한 가족들로부터 심리적으로 건강하게 독립하기가 어려워. 힘들고 버거운 상황에 눈물이 터질 것 같아도 '내가 이런 한가한 고민을 품어도 되나?' 하는 자책감에 시달리면서 이렇게 생각하지.

나는 괜찮아야만 해. 나까지 괜찮지 않으면 안 돼.

곪아 터진 속마음을 애써 외면하며 '괜찮은 척'하는 비장애 형제들에게 이 책의 저자들은 이렇게 말해.

괜찮지 않아도 괜찮아.

나는 왜 괜찮지 않을까? 나도 부모님께 사랑과 관심을 받고 싶고, 인정과 지지를 받고 싶기 때문이야. 동생을 돌보는 것과 별개로 혼자만의 시간이 필요하고, 온전히 내가 원하는 것을 선택하고 싶은 마음이 있어.

속마음을 제대로 표현할 수 없을 때, 너는 어떤 가면을 쓰니? 평소에 네가 어떤 '척'을 하며 스스로 속마음을 숨기는지 생각해 봐. 만약 이 가면을 벗는다면 속마음에는 어떤 욕구가 있을까?

내가 쓴 가면 아래에는 어떤 속마음의 욕구가 있을까?

♥ '괜찮은 척' 가면

나는 괜찮아야만 해. 나까지 괜찮지 않으면 안 돼.

> 가면을 벗은 속마음의 욕구

나도 관심받고 싶어. 가족들과 있어도 늘 소외감을 느끼고 외로워. 아빠 엄마가 나도 좀 안아 주었으면 좋겠어.

♥ '아닌 척' 가면

나는 아무렇지도 않아.

> 가면을 벗은 속마음의 욕구

나도 집에서 혼자만의 시간을 갖고 싶어. 동생을 챙기느라 숙제를 할 때 집중하기가 어렵고 내 속도대로 하지 못해서 속상해.

외롭고 힘든 날에는 가면을 벗고 이런 속마음을 가족들에게 솔직하게 말해 봐. 어쩌면 엄마도 너처럼 '씩씩한 척'이라는 가면을 쓴 채 외로워하고 있을 수 있어. 아빠도 '강한 척'이라는 가면을 쓴 채 소리 없이 울고 계실지 몰라.

오늘만큼은 가면을 벗어던진 채 맨얼굴로 속마음을 나누면서 서로를 꼭 끌어안아 주면 어떨까? 맨살에 닿는 온기를 느끼고 나면 '척'이 아닌 진짜 괜찮아지는 순간을 마주하게 될 거야.

마음 약국 처방전
읽는 약

_____ 귀하

효능
☑ 장애 가족 이해 ☑ 내 욕구 알아차리기 ☑ 가족과 속마음 나누기

처방 그림책

『다른 애들이랑 똑같이 할 수가 없어』
유아사 쇼타 글, 이시이 기요타카 그림,
김숙 옮김, 북뱅크

장애 가족과 함께 사는 나와 가족을 다독이고 싶을 때 이 그림책을 읽어 보세요. 공감과 위로를 건네받을 수 있습니다.

마음에 붙이는 반창고 한 구절

나는 동생이 좋다.
하지만 같이 있으면 내 마음은 구겨진 종이처럼 엉망이 된다.
이런 생각을 하는 나는 나쁜 아이일까.
집에서는 다들 동생만 챙긴다. 얘기 좀 들어줘요.
나도 좀 봐줘요. 나는 늘 외톨이가 된 기분이다.

> **처방 세부 내역**

괜찮은 척해도 괜찮지 않은 _____에게 '가면을 벗고 속마음을 돌보는 시간'을 처방합니다.

✚ 평소에 마음을 제대로 표현하지 못할 때, 나는 어떤 '척'하는 가면을 쓰고 있나요?
 ㉠ 괜찮은 척 가면, 쾌활한 척 가면, 아무렇지도 않은 척 가면

✚ 그 가면을 쓰기 위해서 스스로에게 자꾸 되뇌는 말이 있다면 무엇인가요?
 ㉠ 나는 괜찮아야만 해. 나까지 괜찮지 않으면 안 돼. 나는 아무렇지도 않아.

✚ 가면을 벗은 속마음에는 어떤 욕구가 있나요?
 ㉠ 소중한 사람들에게 사랑과 관심을 받고 싶어. 인정이나 지지를 받고 싶어. 혼자만의 시간이 필요해.

3부

친구 관계가
어려울 때

학교에 정을 붙이기 위해서 엄청난 것이 필요한 건 아니야. 나에게 의미와 재미를 주는 딱 하나의 별사탕, 그걸 찾기만 하면 돼. 자신을 힘들게 하는 딱 한 가지가 무엇인지 찾았다면, 그걸 바꾸어 보자. 거기서부터 자기만의 의미와 재미를 발견하기 위해.

어린이 마음 약국

 부러움

인기도 많은데 그림까지 잘 그리는 친구가 부럽고 미워요

우리 반 최고 인기쟁이 지현이가 반장 선거에서 표를 가장 많이 받았을 때는 그다지 부럽지 않았어요.

그런데 그리기 대회에서 내가 꼭 받고 싶은 상을 받았을 때는 솔직히 너무 부럽고 밉고 축하하고 싶지 않았어요. 그림만큼은 지현이한테 지고 싶지 않았는데….

마음 약 편지 + 부러움이라는 나침반

나침반의 방향을 맞추고 있는 너에게
*
부러움을 나침반 삼아서
자신을 발견하고 성장할 수 있어

> 깊은 곳을 더듬어 가면서 새빨간 질투를
> 나침반 삼아 고요히 귀를 기울였대.
> 그러자 소용돌이가 잠잠해지면서
> 나지막한 속삭임이 들려오더래.
> '파랑처럼 눈부신 존재가 되고 싶어!'
>
> ―『새빨간 질투』중에서

네 이야기를 솔직하게 들려줘서 고마워. 부러운 것을 부럽다고 말할 때는 용기가 필요해. '부러우면 지는 거야.'라는 말처럼 누군가를 부럽다고 말하는 순간 왠지 내가 그 사람보다 못난 사람이 되는 것 같은 기분이 들기도 하거든. 저 사람이 나보다 낫다는 것을 인정하는 것 같아서 자존심이 상하고, 남과 자신을 비교하는 내 모습이 초라해지기도 해.

선생님도 누군가를 부러워한 적이 있냐고? 어휴, 매일 밤마다 부러움에 사무쳐서 무릎이 꺾인다면 믿을 수 있겠니?

선생님은 하루 일과가 끝나면 책상 앞에 앉아서 '달빛 시간'을 가져. 밤마다 책을 읽고 글을 쓰면서 달빛을 쬐는 걸 좋아하거든. 글을 쓰기 전에는 항상 산책하는 기분으로 책을 한 권 읽는 것부터 시작해. 평소에 읽고 싶은 책을 잔뜩 사 놓고, 밤마다 서재에서 그날의 필요나 기분에 따라 한 권씩 요리조리 꺼내 읽는 재미가 쏠쏠해.

달빛 시간에 책을 읽다가 글이 너무 좋을 때, 내 표정과 자세는 이렇게 3단계로 변신해.

잘 쓴 글을 읽을 때, 감정에 따른 내 몸의 반응 3단계

1단계
+_+ 호기심에 눈을 반짝이며 몰입해서 읽는 중

2단계
ㅠㅠ 신나게 밑줄 긋고 감탄하며 눈물 흘리는 중

3단계
OTL 부러움이 사무쳐서 무릎 꿇고 좌절 모드

기분 좋게 책을 읽다 말고 왜 부러움과 좌절감으로 무릎을 꿇느냐고? 선생님에게는 '쓰는 사람'이라는 정체성이 있기 때문이야. 글을 잘 쓰고 싶은 욕구를 가슴에 불씨처럼 품고 있기 때문에 좋은 글을 읽으면 기뻐서 탄성을 지르면서도 부러움이라는 감정이 불꽃처럼 강렬하게 타오르는 거야. 잘 쓰고 싶어서 밤마다 소망하고 절망하다가 다시 일어나 갈망하는 나날을 보내고 있어.

이렇게 부러움으로 무릎이 꺾일 때, 이 감정을 어떻게 다루어야 할까? 두 가지 방법을 알려 줄게.

첫째, 부러워하는 마음을 나침반 삼아서 네 관심과 욕구가 무엇인지 탐구해 봐. 부러운 마음은 네가 어떤 욕구와 잠재력을 갖고 있는지 보여 줘. 너는 지현이가 반장 선거에서 표를 많이 받았을 때는 딱히 부러워하지 않았어. 네 안에 인기가 많은 아이가 되고 싶은 열망이 크지 않기 때문에 그저 편안하게 축하할 수 있었지.

반면 지현이가 그리기 대회에서 상을 탔을 때는 부러움을 넘어서 미워하는 감정까지 소용돌이처럼 밀려왔어. 네 안에 '다른 건 몰라도 그림만큼은 잘 그리고 싶다.'는 욕구가 있었기 때문에 속이 부글부글 끓어올랐던 거야.

네가 부러워하는 친구가 있다면 그 친구를 통해서 네 안에 숨어 있는 욕망을 발견할 수 있어. 그 친구에게서 닮고 싶은 점이 있다면 네 안에 꿈틀거리는 무언가를 건드렸다는 의미니까.

네가 친구의 어떤 부분을 부러워하는지, 무엇을 갖고 싶어 하는지 유심히 살펴봐. 바로 그 지점이 네가 성장해야 할 방향성에 힌트가 될 거야.

둘째, 부러움이 질투나 시기가 되지 않도록 방향을 조절해 봐. '부러움, 시기, 질투' 이 세 가지 마음은 어떻게 다를까? 똑같은 거 아니냐고? 비슷해 보이지만 제대로 알고 보면 각기 다른 의미를 지니고 있어. 하나씩 차근차근 알려 줄게.

'부러움, 시기, 질투' 제대로 알기

♥ **부러움**

부러움은 '좋은 것을 보면서 나도 그렇게 되고 싶은 마음'이야. 부러움은 나쁜 감정이 아니야. 부러운 마음이 향하는 곳을 살펴보면 자기 안의 욕구를 알 수 있어. 부러움을 나침반으로 잘 활용하면 삶의 동력과 활력을 얻을 수 있어.

> **부러움이란?**
> 남이 잘되는 것이나 좋은 것을 보고 자기도 그렇게 되고 싶어 하는 마음

♥ **시기 = 부러움 + 미움**

시기는 '부러움에 미움이 더해진 마음'이야. 친구가 부러울 때 마음의

화살표를 '나'에게 맞춰 놓고 욕구를 들여다보는 게 아니라, '남'을 향해 꽂아 놓고 미워하는 데 에너지를 쓰는 경우를 말해.

> **시기란?**
> 남이 잘되는 것을 샘하여 미워하는 마음

♥ **질투 = 부러움 + 미움 + 끌어내림**
질투는 '부러운 사람을 미워하고 깎아내리고 싶은 마음'이야. 친구가 나보다 높이 올라간 것 같아서 부러울 때, 친구를 미워할 뿐만 아니라 아래로 끌어내리기 위해서 헐뜯는 경우를 말해.

> **질투란?**
> 다른 사람이 잘되거나 좋은 처지에 있는 것 따위를 공연히 미워하고 깎아내리려는 마음

어때, 이제 '부러움, 질투, 시기' 세 가지 마음이 어떻게 다른지 알았지? 부럽다는 건, 자신이 되고 싶은 모습을 발견하는 기회야. 중요한 건 부러움의 방향성이란다. 부러움을 통해 '남'을

미워하고 헐뜯으며 열등감에 시달릴 것인가, '나'를 발견하고 성장할 것인가.

자, 이제 너의 선택에 달려 있어.

마음 약국 처방전
읽는 약

_____ 귀하

효능
- ☑ 내 안의 욕구 탐구하기
- ☑ 잠재력 발견하기
- ☑ 부러움의 방향성 체크

처방 그림책

『새빨간 질투』
조시온 글, 이소영 그림, 노란상상

친구가 부러워서 마음이 뾰족해질 때 이 그림책을 읽어 보세요. 부러움을 나침반 삼아 앞으로 나아갈 힘을 얻을 수 있습니다.

마음에 붙이는 반창고 한 구절

깊은 곳을 더듬어 가면서 새빨간 질투를 나침반 삼아 고요히 귀를 기울였대. 그러자 소용돌이가 잠잠해지면서 나지막한 속삭임이 들려오더래.
'파랑처럼 눈부신 존재가 되고 싶어!'

(처방 세부 내역)

부러움과 미움 사이에서 고민하는 _____에게 '나침반의 방향을 설정할 시간'을 처방합니다.

➕ 최근에 누구를 부러워했나요? 특히 무엇이 부러웠나요? 자세히 써 보세요.

➕ 부러움이라는 나침반을 토대로 살펴봅시다. 내 안에 있는 어떤 욕구가 건드려져서 부러움을 느꼈을까요?

➕ 부러움을 통해 '남'을 미워하고 헐뜯으며 열등감에 시달리는 대신 '나'를 발견하고 성장하기 위해서는 어떻게 해야 할까요? 나만의 작은 실천과 다짐을 써 보세요.

똑똑! 고민 있어요

등교 거부

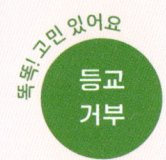

학교에 가기 싫어요

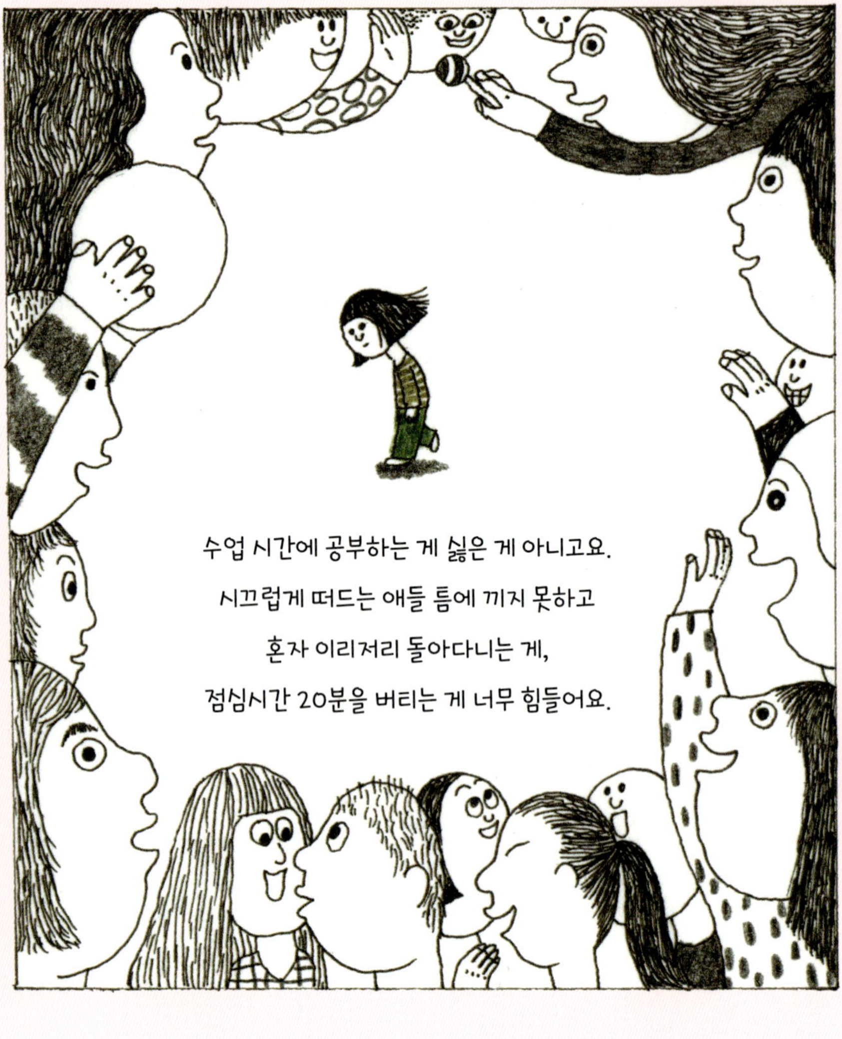

수업 시간에 공부하는 게 싫은 게 아니고요.
시끄럽게 떠드는 애들 틈에 끼지 못하고
혼자 이리저리 돌아다니는 게,
점심시간 20분을 버티는 게 너무 힘들어요.

마음 약 편지 + 건빵 속 별사탕 발견하기

재미와 의미가 필요한 너에게

*

건빵 속 별사탕 같은
시간을 찾아봐

학교에 가고 싶지 않아도 괜찮아.
학교를 싫어해도 돼.
하지만 너무 많이 생각하지 마.
편히 받아들여 봐.
너무 깊이 파지 말고.
가끔 학교가 재미있기도 할걸!

— 『오소리의 시간』 중에서

학교에 가는 게 매일 즐거운 사람이 있을까? 아침에 일어나면 학교 갈 생각에 설레는 사람이 과연 몇이나 될까? 선생님도 학교에 가기 싫을 때가 있냐고? 어휴, 당연하지. 선생님도 월요일 아침마다 학교에 가기 싫어지는 월요병에 시달리는 걸.

비가 오는 어느 여름날에는 차에서 내리기 싫어서 학교 건물 뒤 주차장에서 시동을 끈 채 유리창을 바라보며 한참 앉아 있었던 적도 있어. 그날 아침만큼은 곧장 교실로 들어가기 싫어서 라디오 볼륨을 낮추고 '톡톡 토도독' 떨어지는 빗소리를 들었어. 잠깐이라도 혼자만의 시간을 갖고 싶어서 말이야.

그림책 『오소리의 시간』을 펼쳐 보니까 주인공 핌도 너처럼 학교에 가는 걸 힘들어하더라. 학교에 갈 생각만 해도 머릿속에 자갈이 꽉 찬 것처럼 아픈 거야. 아파서 학교에 못 가겠다고 엄마한테 말해 봤는데, 모든 아이는 학교에 가야 한다는 대답만 들었어. 결국 억지로 학교에 갔다가 도저히 견디지 못하고 책상 밑으로 기어 들어가 웅크리고 있었지. 겨우 숨 쉴 동굴을 찾았다고 생각했는데 이번엔 선생님 손에 질질 끌려 나왔어.

남들은 다 잘 다니는 학교가 힘든 나, 왜 이렇게 별난 걸까? 혹시 나한테 뭔가 문제가 있는 걸까? 자꾸 스스로를 다그치다 보면 혼자 굴을 파고 들어가 웅크리게 돼. 이럴 때 회복할 수 있는 방법을 알려 줄게.

첫째, 학교에서 '건빵 속 별사탕'과 같은 시간을 찾아봐. 건빵을 먹어 본 적 있니? 건빵은 수분이 없이 바싹 구운 밀가루 과자이기 때문에 퍽퍽해. 건빵을 먹다가 목이 턱 막히면 꺼내 먹으라고 봉지 속에 들어 있는 게 있으니, 바로 별사탕이야. 별사탕을 먹으면 달콤한 맛이 침샘을 자극하기 때문에 목이 메지 않고 건빵을 먹을 수 있어.

이따금 학교에 가는 게 딱딱하고 퍽퍽한 건빵처럼 느껴진다면, 건빵 봉지 속에 선물처럼 들어 있는 별사탕을 찾아보자. 학교생활 중에서 딱 한 순간이라도 별사탕처럼 달콤했다면, 한 개의 기쁨이 열 개의 슬픔을 이기는 힘이 되어 줄 거야.

선생님도 학교에 가는 게 맨입에 건빵을 우걱우걱 먹는 것처럼 퍽퍽하게 느껴질 때가 있어. 그럴 때는 선생님만의 '건빵 속 별사탕' 시간을 떠올리면서 침샘을 자극해. 내가 좋아하는 시간을 떠올리면서 꼴깍 침을 삼키다 보면 오늘 하루치 건빵도 맛깔나게 먹어 볼 힘이 생기거든. 이를테면 이런 순간이야.

선생님이 교실에서 찾은 '건빵 속 별사탕'

♥ **색깔 손 인사하는 순간**

"선생님은 아침마다 아이들과 손잡고 교감하면서 색깔로 마음을 나누는 시간을 가장 좋아해. '선생님, 저는 오늘 노란색이에요. 오면서 화단을 봤는데 어제까지는 오므려 있던 꽃이 드디어 피었어요. 노란 꽃을 보자마자 제 표정도 활짝 피어났어요!' 신선한 대화를 통해서 활기찬 기운을 주고받다 보면 오늘도 괜찮은 하루를 살아 볼 힘이 생겨."

♥ **아이들이 쓴 글을 읽다가 문장 수집 노트에 옮겨 적는 순간**

"선생님은 오후에 커피를 한 잔 마시면서 아이들이 글쓰기 수업 시간에 쓴 글을 읽어 보는 시간이 참 좋아. 글을 읽다가 좋은 문장을 만나면 포스트잇에 피드백을 써서 붙여 준 다음 '문장 수집 노트'를 꺼내서 옮겨 적어 둬. 교실에서 반짝거리는 보석을 발견해서 주머니 속에 담는 기분이 들어서 뿌듯하고 기뻐."

둘째, 네가 힘들어하는 게 뭔지 딱 한 가지만 찾아봐. 학교가 싫다고 해도 전부가 다 싫지는 않을 거야. '학교'라는 커다란 단어 자체에 짓눌리지 말고 네가 힘들어하는 게 뭔지 딱 한 가지만 생각해 봐. 그것만 바꾸어도 견딜 만해지거든. 스스로에게 이렇게 질문해 봐. "나는 학교에서 구체적으로 '무엇을' 힘들어 하는 걸까?" 아이들에게 물어보니 이런 대답을 들려주더라.

아이들이 교실에서 찾은 '건빵처럼 퍽퍽한 순간'

♥ 친구도 없이 체험 학습을 가는 날

"버스에 같이 앉을 친구가 없을까 봐, 외톨이처럼 혼자 다녀야 될까 봐 하나도 즐겁지 않아요. 체험 학습을 가는 딱 하루가 나머지 1년보다 더 힘들어요."

♥ 빙글빙글 어지러운 수학 시간

"저는 숫자만 보면 온 세상이 빙글빙글 돌아가는 것처럼 어지러워요."

아이들이 교실에서 찾은 '건빵 속 별사탕'

♥ 숨통이 확 트이는 체육 시간

"뭐니 뭐니 해도 체육 시간이 있어야 나머지 시간을 버틸 수 있어요. 운동장에만 나가면 전혀 안 어지럽고 40분이 너무 짧게만 느껴져요."

♥ 별일 없이 평범한 날

"체험 학습, 운동회 같은 날보다 그냥 별일 없이 조용한 날이 더 좋아요. 평범한 날을 잘 보내고 편안하게 집으로 돌아가는 발걸음, 그게 저한테는 별사탕 같아요."

특히 너는 수업 시간이 아니라 점심시간이 힘들다고 했지? 점심시간 20분을 버티는 게 너무 길게 느껴질 때, '도서관'이라는 별사탕을 먹어 보는 건 어떨까?

시끌벅적한 교실 분위기를 피해서 혼자만의 시간과 공간을 갖고 싶은 친구들이 거기에 다 모여 있거든. 도서관에서 책 읽는 데 재미를 붙이다 보면 뜻밖에 비슷한 취향을 가진 친구를 사귀게 될 거야.

그러다 보면 어느 날은 아침에 일어나자마자 학교에 가고 싶은 마음이 들기도 할걸? 점심시간 때 딱 20분간 허락된 나만의 시간과 공간을 즐기고 싶어서. 거기서 만난 새로운 친구들과 오늘도 찡긋, 눈인사를 하고 싶어서. 그렇게 조금씩 학교에서의 일상에 재미를 붙여 나갈 수 있을 거야.

학교에 정을 붙이기 위해서 엄청난 것이 필요한 건 아니야. 나에게 의미와 재미를 주는 딱 하나의 별사탕, 그걸 찾기만 하면 돼. 자신을 힘들게 하는 딱 한 가지가 무엇인지 찾았다면, 그걸 바꾸어 보자. 거기서부터 자기만의 의미와 재미를 발견하기 위해 애써 보자.

마음 약국 처방전
읽는 약

귀하
_____

효능
- ☑ 등교 거부 극복하기 ☑ 불안 다루기 ☑ 나만의 의미와 재미 발견하기

처방 그림책

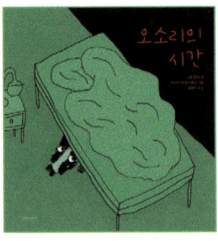

『오소리의 시간』
그로 달레 글, 카이아 달레 뉘후스 그림,
공경희 옮김, 길벗어린이

아침마다 학교에 가기 싫어서 괴롭다면 이 그림책을 읽어 보세요. 의미와 재미를 줄 딱 한 가지를 찾는 데 도움이 될 거예요.

마음에 붙이는 반창고 한 구절

학교에 가고 싶지 않아도 괜찮아. 학교를 싫어해도 돼.
하지만 너무 많이 생각하지 마.
편히 받아들여 봐. 너무 깊이 파지 말고.
가끔 학교가 재미있기도 할걸!

> **처방 세부 내역**

학교 가기 싫어서 아침마다 괴로운 _____에게 '나에게 의미와 재미를 주는 딱 한 가지를 찾는 시간'을 처방합니다.

- ✚ 학교에 가는 것이 힘들다면 구체적으로 '무엇을' 힘들어하는 건지 생각해 보세요. 학교에서 무엇을 할 때 가장 견디기 힘든가요? 딱 한 가지만 써 보세요.

- ✚ 학교생활 가운데 딱 한 가지를 내가 원하는 대로 바꿀 수 있다면 무엇을 바꾸고 싶나요? 나를 가장 힘들게 하는 한 가지를 어떻게 바꿀 수 있을지 써 보세요.

- ✚ 학교에서 나에게 가장 의미 있는 시간은 언제인가요? 가장 재미있는 순간은요? 나의 학교생활을 지탱해 주는 것은 무엇인지 써 보세요.

말에 상처받은 후로
친구 사귀는 게 어려워요

일곱 살 때 친구에게 "너를 칼로 찔러 죽여 버릴 거야."라는 말을 들었어요.
그때 너무 상처를 받아서 4학년이 된 지금까지 외톨이로 지냈어요.

친구한테 또 상처받을까 봐 무섭고, 혼자가 익숙해져서
친구가 어떤 건지 잘 모르겠어요. 저에게도 친구가 생길 수 있을까요?

마음 약 편지 + 말 반창고 붙이기

나쁜 말에 마음을 다친 너에게

*

우리가 믿는 좋은 것들로
상처를 덮어 줘

그러나 한 가지 사실이 떠올랐어요.
나쁜 말은 여전히 거기에 있다는 거예요.
담임선생님은 우리 마음속 깊은 곳 어딘가에도
남아 있을 거라고 했어요.
하지만 우리가 그걸 바꾼 거래요.
우리가 믿는 좋은 것들로
그 벽을 칠했을 때 이미 달라진 거래요.

— 『구름보다 태양』 중에서

네 고민을 듣는데 가슴을 후벼 파는 것처럼 아팠어. 뾰족한 말에 찔려서 연한 살에 상처를 입은 채 그동안 얼마나 아팠을까? 웅크린 작은 어깨를 가만히 두드려 주고 싶어.

한 번 나쁜 말에 마음을 다치면 사람에게 다가가기가 쉽지 않아. 마음은 눈에 보이지 않지만 몸처럼 상처가 나기도 하고 아프기도 하거든. 자전거를 타다가 돌에 걸려 넘어져서 무릎이 까지고 피가 났다고 생각해 볼까? 이럴 때는 자전거를 계속 타기가 힘들어. 잠시 멈추고 앉아서 연고를 바르고 반창고를 붙이고 쉬어 줘야 해. 그래야 다시 또 자전거를 탈 힘이 생길 수 있단다.

이 세상에 좋은 말을 쓰는 친구들만 있다면 얼마나 좋을까? 하지만 자전거를 타다 보면 넘어지기도 하는 것처럼, 살다 보면 생각지도 못한 나쁜 말에 마음을 다칠 때가 있어. 어쩌면 삶은 계속해서 넘어지고, 다치고, 회복하고, 다시 일어나는 과정의 연속일지도 몰라. 그렇기 때문에 넘어지지 않기 위해 안간힘을 쓰는 것보다는 넘어졌을 때 스스로 일어나는 방법을 터득하는 편이 훨씬 도움이 될 거야. 넘어졌을 때 스스로 땅을 짚고 일어날 수 있도록 해 주는, 힘이 될 만한 그림책을 알려 줄게.

그림책 『구름보다 태양』을 펼쳐 보면 나쁜 말에 상처받은 아이들이 등장해. 누군가 학교 화장실 벽에다가 끔찍한 말을 써 둔 거야. '에이, 고작 말 한마디가 무슨 힘이 있을까?' 그렇게 생각할 수도 있지만 말에는 정말 힘이 있어. 나쁜 말 한마디 때문에 온 학교가 엉망이 될 수 있지.

누군가 써 놓은 나쁜 말 때문에 아이들은 서로를 의심하고 미워하기 시작해. 또 그 나쁜 말이 입에서 입으로 퍼져 나가서 모두의 마음을 괴롭혔어. 어떤 아이들은 걱정하거나 불안해했고, 또 다른 아이들은 슬퍼하거나 화를 냈어. 모두들 예전보다 더 못되게 굴기 시작했지. 아무렇지 않은 아이는 없었냐고? 단 한 명도 없었어.

이렇게 나쁜 말에 영향을 받았을 때는 어떻게 하면 좋을까? 나쁜 말로 인한 상처는 여전히 거기에 있지만, 우리가 믿는 좋은 것들로 그 상처를 덮을 수는 있어. 스스로에게 힘을 줄 수 있는 사랑의 말, 용기의 말, 회복의 말을 생채기 난 마음에 반창고처럼 붙이는 거야.

상처 난 마음에 새살이 돋아나도록 붙이는 말 반창고 다섯 가지

🩹 '사랑하고 믿어 주는 말' 반창고

"내가 좋은 사람이라는 것을 믿어."

"세상에는 따뜻한 마음을 나누고 싶어 하는 사람들이 많아."

🩹 '용기를 주는 말' 반창고

"내 상처는 반드시 회복될 수 있어."

"나는 좋은 사람들과 친구가 되어서 마음을 나눌 수 있어."

🩹 '감탄하는 말' 반창고

"나는 특별한 존재야."

"성숙해 나가는 내 모습 정말 멋져."

🩹 '과정을 중요하게 여기는 말' 반창고

"나는 힘들었지만 잘 이겨 내고 있어."

"나 스스로 고민하고 노력하는 과정이 뿌듯해."

🩹 '다시 일어나는 말' 반창고

"모두가 실패하고 누구나 실수를 해. 그걸 통해서 배우면 돼."

"잘하지 않아도 괜찮아. 우리는 매일 한 뼘씩 자라나고 있어."

선생님은 네 마음에 이런 말 반창고 세 개를 붙여 주고 싶어.

너에게 붙여 주고 싶은 말 반창고 세 가지

말 반창고 하나

"너는 따뜻하고 사려 깊은 마음을 지니고 있을 거야. 네가 좋은 사람이기 때문에 반드시 좋은 사람을 만나 친구가 될 수 있을 거야."

☛ '사랑하고 믿어 주는 말' 반창고

말 반창고 둘

"세상에는 나쁜 말을 하는 아이도 있지만, 그것보다 더 많은 아이들이 좋은 말과 따뜻한 마음을 나누고 싶어 한단다."

☛ '용기를 주는 말' 반창고

말 반창고 셋

"그러니까 친구가 다가오면 밀어내지 말고 손을 잡아도 괜찮아. 재미있게 놀고 이야기를 나눠도 괜찮아. 그렇게 친구들과 함께한 좋은 기억이 쌓이면, 상처 난 부분에 새살이 돋고 딱지가 앉는 것처럼 마음도 서서히 회복될 거야."

☛ '다시 일어나는 말' 반창고

상처 부위가 쓰라리고 아플 때 이 글을 꺼내 읽으며 새살이 돋아날 수 있으면 좋겠어. 상처가 덧나거나 염증이 생기지 않도록 뒷장에 있는 '처방 세부 내역'을 통해서 자신에게 스스로 말 반창고를 붙여 주는 시간을 꼭 갖길 바라.

우리 잠깐 고개를 들고 같이 하늘을 보자. 구름이 많이 끼어 있네. 그런데 구름이 있다고 해서 낮이 깜깜한 밤으로 바뀌지는 않지? 아무리 구름이 끼어 있어도 태양 빛을 가릴 수 없는 것처럼, 아무리 끔찍하게 나쁜 말이라도 너의 존재 자체에서 뿜어져 나오는 찬란한 빛을 가릴 수는 없단다. 구름보다 더 많은 태양, 회색보다 더 많은 초록, 미움보다 더 많은 사랑의 힘으로 너를 꼭 안아 줄게.

마음 약국 처방전
읽는 약

_____ 귀하

효능
- ☑ 말로 인한 상처 회복 ☑ 긍정적인 말의 힘 ☑ 갈등을 해결하는 지혜

처방 그림책

『구름보다 태양』
마시 캠벨 글, 코리나 루켄 그림, 김세실 옮김, 위즈덤하우스

부정적인 말과 경험 때문에 마음이 위축될 때 이 그림책을 읽어 보세요. 다시 태양을 향해 나아갈 힘을 얻을 수 있습니다.

마음에 붙이는 반창고 한 구절

그러나 한 가지 사실이 떠올랐어요.
나쁜 말은 여전히 거기에 있다는 거예요.
담임선생님은 우리 마음속 깊은 곳 어딘가에도 남아 있을 거라고 했어요.
하지만 우리가 그걸 바꾼 거래요.
우리가 믿는 좋은 것들로 그 벽을 칠했을 때 이미 달라진 거래요.

〔 처방 세부 내역 〕

나쁜 말에 마음을 다친 _____에게 '나 자신에게 말 반창고 다섯 개 붙여 주기'를 처방합니다.

+ 말 반창고 하나 자신을 꼭 안으며 '사랑하고 믿어 주는 말' 해 주기
　　㉠ 내가 좋은 사람이라는 것을 믿어.

+ 말 반창고 둘 '용기를 주는 말'로 스스로에게 힘을 주기
　　㉠ 내 상처는 반드시 회복될 수 있어.

- **말 반창고 셋** 자신에게 엄지 척하며 '감탄하는 말' 해 주기
  ㉠ 성숙해 나가는 내 모습 정말 멋져.

- **말 반창고 넷** '과정을 중요하게 여기는 말'로 스스로를 보듬기
  ㉠ 나는 힘들었지만 잘 이겨 내고 있어.

- **말 반창고 다섯** '다시 일어나는 말'로 앞으로 나아가기
  ㉠ 모두가 실패하고 누구나 실수를 해. 그걸 통해서 배우면 돼.

친구한테 섭섭한 점을 말하고 싶은데 상처만 주고 결국 싸워요

내 마음은 그게 아닌데 친구한테 자꾸 상처 주는 말을 하게 돼요.
좋게 풀고 싶어서 대화를 시작해도 결국 오해를 풀지 못하고 또 싸워요.

뾰족하게 말하는 친구한테
너무 섭섭하고
날카롭게 받아친
나도 한심해요.

마음 약 편지 + 나 전달법으로 말하기

말 상처로 가슴이 콕콕 쑤시는 너에게

*

건강한 대화법으로
속마음을 표현해 보자

> 실수를 했구나.
> 내일 친구한테 꼭 사과해.
> 전화나 문자로 하지 말고,
> 만나서 눈을 보면서 말해.
>
> ─『가슴이 콕콕』 중에서

섭섭한 마음 때문에 힘들었구나. 그 마음 알아. 특히나 친구랑 오해가 생겼을 때 제대로 풀지 못하고 서로 상처 주는 말만 할 때 정말 힘들지. 친구에게 말로 상처를 준 날에는 잠을 자려고 누워서도 한참 그 생각에 사로잡히게 되잖아. 낮에 하지 못한 말을 혼자서 허공에다가 중얼대면서 '아, 아까 이렇게 말할 걸. 왜 이렇게 말하지 못하고 엉뚱한 말만 했을까?' 생각하느라 잠을 설치고 말이야. 친구에게 말로 상처를 받았을 때도 마찬가지야. '제대로 알지도 못하면서 왜 함부로 말하는 걸까?' 내 마음을 몰라주는 친구가 야속해서 이불 속에서 한참 뒤척이곤 해.

그림책 『가슴이 콕콕』의 주인공도 너처럼 친구의 말 때문에 상처받고 고민해. 시작은 작은 오해였어. 친구 리리랑 일요일에 만나서 놀기로 했는데, 만날 장소를 서로 다르게 생각한 거야. 나는 동물원 앞에 기다렸고 리리는 수족관 앞에서 한참 기다렸어. 리리는 '바다소'가 보고 싶다고 말했기 때문에 당연히 수족관에서 만날 거라고 생각했대. 나는 '소'라는 말만 듣고는 동물원이라고 생각했는걸. 40분 넘게 기다리다가 통화로 대화했는데, 리리는 화가 나서 전화를 뚝 끊어 버렸고 나는 눈물을 펑펑 흘리면서 우느라 도시락도 제대로 먹지 못했어. 도대체 어떻게 대화를 했기에 이렇게 서로 상처만 받은 걸까?

리리의 말

"참 나, 바보같이. 동물원에 소 같은 건 없어. 남의 말을 귀담아듣지 않으니까 그렇지. 넌 늘 멍하니 딴생각만 하잖아."

나의 말

"그 그게, 네가 정확하게 말해 주지 않았잖아."

둘의 말을 살펴보면 공통점이 있어. 바로 '너 전달법(You-message)'으로 말한다는 점이야. 너 전달법은 대화를 할 때 '너'를 주어로 하면서 상대방의 행동이나 생각에 대해 비판하거나 평가하는 방식을 말해. 아래의 세 가지 대화 유형을 예로 들 수 있어. 혹시 평소에 친구에게 이런 말을 하거나 들은 적은 없는지 생각하면서 읽어 볼래? 친구에게 속마음을 말하고 싶은데 서로 상처 주는 말만 하다가 자꾸 싸운다면, 아래의 세 가지 유형으로 대화하는 경우가 많을 거야.

너 전달법으로 말하는 세 가지 대화 유형

유형 1 지적하기

"너는 이런 점이 문제야."

유형 2 탓하기

"너 때문에 이렇게 되었어."

유형 3 **단정 짓기**

"너는 항상 이래."

그림책 속 두 친구의 대화가 어떤 유형에 속하는지 살펴보고 어떻게 개선해야 할지 생각해 보면 너에게 도움이 될 거야. 먼저 리리는 친구가 말을 잘못 이해했을 때 "넌 늘 멍하니 딴생각만 하잖아."라고 말했어. 이것은 너 전달법의 세 번째 유형 '단정 짓기'에 해당해. 이번에 실수한 것을 가지고 평소에도 항상 말을 귀담아듣지 않고 딴생각만 한다고 딱 잘라서 판단한 거지. 이런 경우 상대방은 억울함을 느끼게 돼.

다음으로 나는 리리에게 "네가 정확하게 말해 주지 않았잖아."라고 말했어. 이 말은 너 전달법의 두 번째 유형 '탓하기'에 해당해. 이렇게 말하면 문제에 대해서 본인의 책임은 뒷전으로 여기고 남 탓만 하는 것처럼 느껴져. 이런 경우 상대방은 기가 막혀서 화가 날 수밖에 없지.

이렇게 오해가 생겼을 때 어떻게 말해야 싸우지 않을 수 있을까? 상대를 기분 나쁘지 않게 하면서도 내 마음을 솔직하게 말하는 건강한 대화 방법을 알려 줄게. 바로 '나 전달법

(I-message)'으로 말하는 거야. 나 전달법은 주어를 '너'가 아닌 '나'로 시작해서 내 생각과 감정을 솔직하게 표현하는 대화 방법이야. 3단계로 찬찬히 설명해 줄게.

나 전달법으로 말하는 방법 3단계

1단계 상황

어떤 상황이 벌어졌지? 마치 사진을 찍는 것처럼 본 것, 들은 것을 있는 그대로 설명해 봐.

2단계 감정

그때 나는 어떤 감정을 느꼈지? 상황에 대한 내 마음을 솔직하게 말해 봐.

3단계 바람

앞으로 내가 바라는 것은 무엇이지? 구체적으로 부탁해 봐.

앞에서 살펴보았던 너 전달법의 말을 '상황-감정-바람'의 3단계로 바꾸면 이렇게 말할 수 있어.

나 전달법으로 바꾸어 말하기 실전 연습

★ 바꾸어 볼 말

내가 리리에게 한 말

"네가 정확하게 말해 주지 않았잖아."

★ 상황 - 감정 - 바람 3단계 적용하기

1단계 상황

"금요일에 학교 마치고 집에 갈 때 네가 '그럼 일요일에 만나.'라고 말하는 것을 들었어. 동물원 앞에서 40분 동안 기다리다가 전화했는데, 너는 나에게 '바보'라고 말하고 '남의 말을 귀담아듣지 않고 늘 멍하니 딴생각만 한다.'라고 말했어."

☞ 상황을 있는 그대로 설명하기

2단계 감정

"나는 '바보'라는 말을 들었을 때 너무 서운하고 억울했어. 평소에 네 말을 잘 귀담아들었는데 '늘' 멍하니 딴생각만 한다고 느꼈다니 김빠지고 속상했어."

☞ 어떤 감정을 느꼈는지 솔직하게 말하기

3단계 **바람**

"앞으로는 '너는 늘 그렇다.'라고 딱 잘라서 말하지 않으면 좋겠어. 그리고 약속을 할 때 시간과 장소를 정확하게 이야기해서 오해를 줄이면 좋겠어."

◆ 바라는 것을 구체적으로 부탁하기

친구에게 섭섭한 점을 말할 때 '너는', '너 때문에'로 시작하는 말 대신 이렇게 '나는' 어떤 마음인지 명확히 전달하면, 불필요한 감정싸움을 줄일 수 있을 거야.

마지막으로 나 전달법만큼 중요한 한 가지가 있어. 그림책 『가슴이 콕콕』에서 삼촌이 말해 준 방법인데, 너에게도 알려 주면서 편지를 마무리할게.

실수하거나 서운한 일이 생겼을 때는 미루지 말고 말하되, 전화나 문자로 하지 말고 꼭 만나서 눈을 보면서 말하는 거야. 눈을 바라보면서 말하는 것만큼 내 마음을 제대로 전달할 수 있는 방법은 없거든. 가슴이 '콕콕' 쑤시고 아팠던 너와 친구가 눈을 마주 보고 건강하게 대화하면서 '쏙쏙' 서로에게 스며들 수 있기를 바라.

마음 약국 처방전
읽는 약

귀하

효능
- ☑ 지혜롭게 관계 맺기 ☑ 건강하게 말하기 ☑ 싸우지 않고 마음 전달하기

처방 그림책

『가슴이 콕콕』
하세가와 슈헤이 글·그림, 김숙 옮김, 북뱅크

친구와 싸워서 가슴이 콕콕 쑤신다면 이 그림책을 읽어 보세요. 건강하게 말하는 방법에 대해 생각해 볼 수 있습니다.

마음에 붙이는 반창고 한 구절

실수를 했구나.
내일 친구한테 꼭 사과해.
전화나 문자로 하지 말고, 만나서 눈을 보면서 말해.

> 처방 세부 내역

친구와 말로 상처를 주고받아서 가슴이 콕콕 쑤시는 _____에게 '나 전달법으로 말하는 연습'을 처방합니다.

+ **1단계** 상황
   어떤 상황이 벌어졌나요? 마치 사진을 찍는 것처럼 본 것, 들은 것을 있는 그대로 설명해 보세요.

+ **2단계** 감정
   그때 나는 어떤 감정을 느꼈나요? 상황에 대한 내 마음을 솔직하게 말해 보세요.

+ **3단계** 바람
   앞으로 내가 바라는 것은 무엇인가요? 구체적으로 부탁해 보세요.

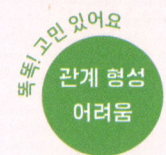

친구들이 나를
안 좋아하면 어쩌죠?

매년 학기 초에 반이 바뀔 때마다 긴장하고 스트레스 받아요.

친구한테 어떻게 대해야 친해질 수 있는지 모르겠어요.

혼자 쭈뼛거리면서 걱정만 하는 내 모습이 너무 싫어요.

마음 약 편지 + 부메랑 법칙

친구가 없을까 봐 걱정하는 너에게

✳

부메랑 던지듯
좋은 마음을 먼저 보내 봐

"넌 어떤 친구가 좋니?"
"나한테 친절하고 내 마음을 알아주는 친구."
"바로 그거야.
네가 먼저 그 애한테 친절하게 해 봐.
그럼 그 애도 널 좋아할걸?"

— 『그 녀석, 걱정』 중에서

친구들이 너를 안 좋아할까 봐 걱정된다고? 선생님도 그럴 때가 있어. 특히 새로운 친구들과 만나는 3월이 오면 걱정 때문에 잠이 안 와서 뒤척이기도 해. '어떻게 해야 우리 반 아이들과 친해질 수 있을까? 아이들이 마음을 열어 주지 않으면 어떡하지?' 한참 그렇게 꼬리에 꼬리를 물면서 걱정하다 입장을 바꿔서 생각해 봤어. 내가 학생이라면 과연 어떤 선생님을 좋아할까? 문득 내가 초등학생 때 좋아했던 선생님을 떠올렸어.

내가 좋아했던 선생님은 4학년 때 담임선생님이셨어. 선생님은 교실에서 나와 눈을 마주칠 때마다 환하게 웃어 주셨거든. 나를 바라봐 주던 그 흐뭇하고 따뜻한 표정이 아직도 생각나. 신기하게도 선생님이 해 준 말은 잘 기억나지 않는데 나를 바라보던 표정이나 그때 느낀 감정은 짧은 영상처럼 선명하게 남아 있어. 그래서 '내가 받았을 때 좋았던 그 표정을 우리 반 아이들에게도 그대로 보내 주자.'라고 다짐했어.

선생님이 나를 환한 표정으로 바라봐 주셨던 것처럼, 나도 교실에서 아이들과 눈을 마주치면 한 번 더 활짝 웃어 주려고 노력했어. 특별한 말을 해 주지 않아도, 환하게 웃어 주는 것만으로도 따뜻한 마음을 전할 수 있다는 걸 이미 경험했으니까.

내가 받았을 때 좋았던 것을 상대방에게 주었더니 분명 효과가 있었어. 학기 말에 아이들이 써 준 편지를 보면 '선생님을 떠올리면 보조개가 생각나요. 눈 마주치면 보조개가 쏙 들어갈 정도로 웃어 주셔서 좋았어요.'라는 내용이 많았거든. 내가 보낸 마음을 잘 받았다고 표현해 줘서 얼마나 기뻤는지 몰라.

그림책 『그 녀석, 걱정』에도 너처럼 친구 때문에 걱정하는 아이가 있어. 처음엔 그 마음이 걱정인 줄도 몰랐어. 반에 한 아이가 전학 왔는데 마치 얼굴에 여드름이 난 것처럼 성가신 감정이 자꾸만 올라오는 거야. '전학 온 아이랑 친해지고 싶은데 거절당하면 어떡하지? 나를 싫어할까 봐 불안해.'

이런 걱정에 짓눌리다 보니까 잘 때도 애들이 나를 놀리고 따돌리는 꿈에 시달렸어. '친구랑 잘 지내고 싶은데, 어떻게 해야 그 애가 나를 좋아할까?' 하고 고민하고 있을 때 '그 녀석, 걱정'이 이렇게 말을 걸었어.

"넌 어떤 친구가 좋니?"
"나한테 친절하고 내 마음을 알아주는 친구."
"바로 그거야. 네가 먼저 그 애한테 친절하게 해 봐. 그럼 그 애도 널 좋아할걸?"

걱정이 들려준 말처럼, 내가 먼저 친구에게 친절을 보내면 부메랑처럼 그 좋은 것들이 나에게로 되돌아와. 선생님은 이걸 '부메랑 법칙'이라고 불러. 친구 사이의 관계는 부메랑과 같거든. 나에게서 떠난 행동, 생각은 반드시 부메랑처럼 다시 나에게 돌아온단다. 내가 남을 도우면, 나중에 누군가 나를 도와줘. 내가 사랑을 보내면, 그 사랑이 돌고 돌아서 어느 순간 나를 사랑스럽게 봐 주는 사람이 생기더라. 반대로 내가 누굴 미워하면, 나중에 누군가 나를 미워해도 이상하지 않겠지. 모든 관계는 심은 대로 나고, 뿌린 대로 거두기 때문이야.

친구가 나를 싫어할까 봐 걱정하면서 웅크리는 대신, 먼저 좋은 마음을 보내 봐. 남이 나에게 건네줬으면 하는 다정한 말을 내가 먼저 꺼내 보는 거야. 그 녀석, 걱정과 대화하면서 부메랑 보내기를 시작해 봐.

걱정과 대화하며 부메랑 보내는 방법

'경청하는 태도' 부메랑 보내기
☺ "넌 어떤 친구가 좋니?"
☻ "내 말을 잘 들어주는 친구."

☺ "바로 그거야. 네가 먼저 상대방의 말을 귀 기울여 듣는 것부터 시작해 봐. 네가 '경청하는 태도'라는 부메랑을 보내면, 어느 순간 친구들도 네 말을 가볍게 여기지 않고 사려 깊게 들어줄걸?"

'먼저 말 거는 용기' 부메랑 보내기

☺ "넌 어떤 친구가 좋니?"

☻ "먼저 웃으면서 다정하게 말을 건네주는 친구."

☺ "바로 그거야. 혼자 어색하게 앉아 있는 친구가 있다면 다가가서 슬쩍 말을 건네 봐. 네가 '먼저 말 거는 용기'라는 부메랑을 보내면, 친구도 한결 편안해진 마음으로 너에게 말을 건네줄걸?"

마지막으로 한 가지 주의할 점이 있어. 좋은 마음을 기꺼이 보내되 상대방이 바로 알아주거나 되돌려 줄 거라고는 기대하지 않는 게 좋아. 신기하게도 부메랑은 내가 보낸 사람으로부터 곧장 돌려받지 않는 경우가 더 많거든. 내가 좋은 마음을 보내면 당장은 아니라도 꼭 필요한 때에 생각지도 못했던 사람을 통해서 그 마음이 다시 돌아와. 부메랑을 던지는 것처럼 좋은 마음을 자꾸 멀리 보내는 것, 친구 사귀는 방법을 잘 모를 때 관계를 지혜롭게 시작하는 방법이야.

귀하
_____

효능
- ✓ 친구 사귀는 방법 ✓ 지혜롭게 관계 맺기 ✓ 걱정 대신 먼저 손 내밀기

처방 그림책

『그 녀석, 걱정』
안단테 글, 소복이 그림, 우주나무

친구들이 나를 싫어할까 봐 걱정될 때 이 그림책을 읽어 보세요. 지혜롭게 관계 맺는 방법을 알 수 있습니다.

마음에 붙이는 반창고 한 구절

"넌 어떤 친구가 좋니?"
"나한테 친절하고 내 마음을 알아주는 친구."
"바로 그거야. 네가 먼저 그 애한테 친절하게 해 봐. 그럼 그 애도 널 좋아할걸?"

> **처방 세부 내역**

친구 사귀는 방법을 잘 몰라서 걱정하는 _____에게 '좋은 마음을 보내는 연습'을 처방합니다.

+ 어떤 친구를 좋아하나요? 내가 만났던 친구를 떠올려 보면서 좋았던 점은 무엇인지 써 보세요.

+ 오늘 하루, 남이 나에게 건네줬으면 하는 다정한 말을 친구에게 먼저 꺼내 보세요. 어떤 말을 듣고 싶은가요? 오늘 친구에게 어떤 말을 건네면 좋을지 써 보세요.

+ 오늘만큼은 원하는 친구의 모습을 내가 먼저 행동으로 보여 주세요. 친구의 말에 귀 기울여 주기, 지우개 빌려 달라고 부탁할 때 친절하게 대해 주기 같은 작고 사소한 행동부터 시작해 보세요.

4부

미래를 향해
힘껏 발을 내딛고 싶을 때

너는 어떤 사람이 되고 싶니? 성공이 뭐라고 생각해? 네가 중요하게 생각하는 '가치'를 토대로 질문에 대한 답을 찾아보면 좋겠어. 삶의 겉모습이 전부가 아닌 것처럼 느껴질 때마다 '나'라는 한 사람의 내면에서 일어나는 일들, 내 영혼이 향하는 방향을 충분히 살펴보길 바라.

어린이 마음 약국

소심하고 내향형인 성격을 고치고 싶어요

사람들 앞에서 말해야 할 때 가슴이 벌렁거리고
낯선 친구들을 만나면 온몸이 쪼그라들어요.

성격을 고치려고 노력해 봐도 매번 실패해요.
진로를 선택할 때도 이런 성격이 나를 가로막을까 봐 걱정돼요.

마음 약 편지 + 오르막 내리막 법칙

성격을 고치느라 애쓰는 너에게

*

자기만의 방식으로
세상을 뒤흔들 수 있어

소심함은 나를 뒷걸음치게 하지만,
앞으로 나아가게도 할 수 있다는 걸 알았어요.

— 『나는 소심해요』 중에서

소심하고 내향형인 성격 때문에 고민하느라 힘들었구나. 너에게 그림책 『나는 소심해요』 속의 한 문장을 들려주면서 답장을 시작하고 싶어. 이 책의 주인공도 너와 비슷한 고민을 해. '이렇게 소심하게 살다가 남들한테 우습게 보이고 무시당하지는 않을까?' 걱정하면서 소심함을 극복하기 위해서 무진장 노력하지. 큰마음 먹고 노래를 불러 보기도 하고 다른 사람들에게 털어놓기도 하는데, 어색하기만 하고 영 효과가 없어. 그때 시무룩해진 아이에게 누군가 이렇게 말해 줘. 너에게 꼭 들려주고 싶은 바로 그 문장이니까 작게 소리 내서 한번 읽어 볼래?

"소심함은 병이 아니야."

소심함이 병이 아니라면 고치거나 극복할 필요가 없어. 타고난 성격은 개선해야 할 문제가 아니기 때문이야. 내 성격을 있는 그대로 인정하면서 새로운 재능을 발견할 수 있는 두 가지 방법을 알려 줄게.

첫째, '오르막 내리막 법칙'이야. 내 성격이 싫어질 때는 오르막과 내리막이 있는 뾰족한 산 모양을 한번 떠올려 봐. 오르막을 올라갈 때는 자꾸 뒤로 미끄러지고 힘들지만, 내리막을 내려갈 때는 쉽게 앞으로 나아갈 수 있잖아?

소심하고 내향적인 성격도 마찬가지야. 낯선 사람들을 만날 때는 그 성격 때문에 오르막을 기어올라가는 것처럼 힘들 수 있어. 하지만 무언가를 신중하게 선택해야 한다면 어떨까? 깊이 생각하고 찬찬히 결정을 내리는 건 어렵지 않게 할 수 있지.

내향형인 사람들은 무엇을 잘할까? 미국의 변호사 수전 케인은 내향형인 사람들이 가진 장점을 연구해서 『콰이어트』(수전 케인, 알에이치코리아)라는 책을 출간했어. '내향형의 특징을 제대로 활용하면 시끄러운 세상에서 조용히 세상을 움직이는 힘을 낼 수 있다.'라는 메시지를 전하기 위해서였지. 이 책은 전 세계의 내향적인 사람들에게 폭발적인 공감을 얻으면서 36개 언어로 번역되고 8년간 「뉴욕타임스」 베스트셀러가 되었어.

이 책을 보면 워런 버핏, 빌 게이츠, 엠마 왓슨, 비욘세처럼 세계를 뒤흔든 인물들이 내향형이라는 사실을 알 수 있어. 이 사람들은 내향적인 기질에도 '불구하고'가 아니라 내향적인 기질 '덕분에' 영향력을 발휘할 수 있었던 게 아닐까? 내향형인 사람들은 다음과 같은 특별한 재능을 갖고 있거든. 찬찬히 읽으면서 네가 지닌 재능을 한번 찾아볼래?

내향형인 사람이 지닌 특별한 재능

- ♥ 한 주제에 깊이 있게 집중할 수 있다.
- ♥ 신중하게 사고하고 행동할 수 있다.
- ♥ 외로움을 견디는 끈기를 갖고 있다.
- ♥ 예리한 분석력과 몰입력을 갖고 있다.
- ♥ 다른 사람의 말을 잘 듣는 경청 능력이 뛰어나다.
- ♥ 조용히 창의력을 발휘해서 깜짝 놀랄 창작물을 발표할 수 있다.

찰스 다윈은 진화론으로 인류 역사에 거대한 변곡점을 가져다준 인물이야. 사실 다윈도 성격이 너무 소심해서 연설을 할 때마다 몸을 사시나무처럼 떨곤 했대. 아마 다윈은 연설을 하는 무대에 올라갈 때마다 가파른 오르막길을 오르는 기분을 느꼈을 거야. 그런데 그런 소심함 때문에 다윈이 누구보다 잘하는 것이 있었어. 바로 연구를 할 때 하나의 가설을 집요하리만큼 철저하게 검증하는 일, 그리고 실수하지 않도록 매사에 꼼꼼하고 신중하게 준비하는 일이었지. 이런 일은 마치 내리막길을 내려오는 것처럼 남들보다 어렵지 않게 해낼 수 있었어. 다윈은 내향형인 성격 '덕분에' 과학자로서 더욱 성장할 수 있었던 거야.

그림책『나는 소심해요』의 앞표지와 뒤표지를 쫙 펼쳐 보면 절반은 소심하고 또 절반은 신중한 아이의 얼굴이 등장해. 어떤 성격이든 단점과 장점이 있다는 걸 보여 주는 부분이야. 동전의 앞면과 뒷면, 산의 오르막과 내리막처럼 네가 가진 성격을 두 가지 관점으로 바라볼 수 있다는 사실을 꼭 기억해.

둘째, 내 성격을 '거슬러' 극복하려 하지 말고 자연스럽게 '타고' 날아 봐. 선생님이 미국 서부를 여행할 때 경비행기를 타고 그랜드캐니언을 다녀온 적이 있어. 갈 때는 분명 순조롭게 잘 날아갔어. 그런데 돌아올 때는 난기류에 부딪쳐서 비행기가 어찌나 흔들리는지 그야말로 죽을 고생을 했어. '이대로 그랜드캐니언 협곡 아래로 떨어져서 박살날지도 모르겠다.' 싶어서 오금이 저리고 구토가 나오려고 할 때쯤 비행기는 겨우 착륙했지.

기장님께 이유를 여쭤보니 '바람의 방향' 때문이라고 하셨어. 바람을 '타고' 날아갈 때는 힘을 들이지 않아도 깃털처럼 날 수 있지만 바람을 '거슬러' 날 때는 매 순간 사투를 벌이듯 곱절의 힘이 들어간다는 거야.

선생님은 소심하고 내향형인 아이들이 수업 시간에 기질을 '타고' 날아가며 탁월함을 발휘하는 모습을 자주 보았어. 모둠 활동을 하면서 다른 사람의 이야기에 귀를 기울여야 할 때, 이런 아이들은 어렵지 않게 상대방에게 집중할 수 있어. 뿐만 아니라 국어 시간에 조용히 앉아서 꽤 긴 글을 써야 할 때도 섬세한 감성으로 막힘없이 써 내려갈 수 있지.

타고난 기질을 극복하려고 애를 써도 바람을 거스르는 것처럼 덜컹거리고 힘들기만 할 때, 오히려 바람을 '타고' 날아가면서 너만의 기질을 발휘하는 순간에 집중해 봐. 다른 사람들의 기대에 맞추기 위해서 쥐어짜듯 억지스럽게 살지 않아도 된다는 걸 꼭 기억하면 좋겠어.

"부드러운 방법으로도 세상을 뒤흔들 수 있습니다."

내향인인 마하트마 간디가 한 말처럼, 너도 너만의 방식으로 세상을 뒤흔들 수 있어.

마음 약국 처방전
읽는 약

_____ 귀하

효능
- ✓ 타고난 성격과 기질 수용   ✓ 새로운 관점   ✓ 재능의 재발견

처방 그림책

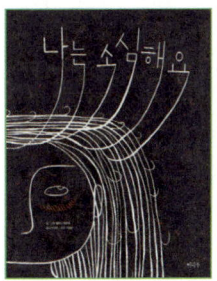

『나는 소심해요』
엘로디 페로탱 글·그림, 박정연 옮김, 이마주

타고난 성격을 뜯어고치고 싶은데 잘 안 돼서 머리를 쥐어뜯는다면 이 그림책을 읽어 보세요. 나의 성격을 바라보는 새로운 관점을 전해 받을 수 있습니다.

마음에 붙이는 반창고 한 구절

소심함은 나를 뒷걸음치게 하지만,
앞으로 나아가게도 할 수 있다는 걸 알았어요.

4부 | 미래를 향해 힘껏 발을 내딛고 싶을 때

처방 세부 내역

있는 그대로의 나를 인정하고 싶은 _____에게 '내 성격의 오르막 내리막을 살펴보는 시간'을 처방합니다.

✚ 종이에 산 모양으로 사선을 두 개 긋고 시작합니다.

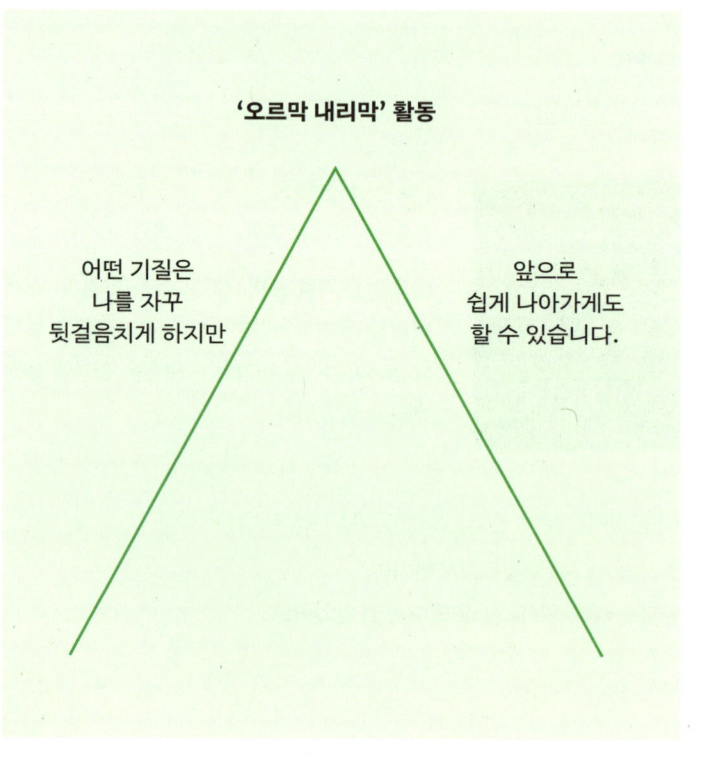

✚ **오르막 쪽에는 나를 자꾸 힘들게 만드는 특징을 적어 보세요.**
  ㉠ 나는 산만해서 집중하기가 어려워요.

✚ **내리막 쪽에는 그 특징으로 인해서 오히려 비교적 쉽게 나아갈 수 있는 부분은 무엇인지 써 보세요.**
  ㉠ 그러나 활발하고 무슨 일을 시작하기 전에 자꾸 설레요.

남들이 말하는 더 좋은 삶을 위해 꿈을 접어야 할까요?

어릴 때부터 동물과 함께하는 일을 좋아해서 사육사가 꿈인데요, 어른들이 연봉이나 사회적 지위가 더 높은 직업을 생각해 보라고 해요. 남들이 말하는 더 좋은 삶을 위해 꿈을 접어야 할까요?

마음 약 편지 + 내 삶의 핵심 가치 찾기

걸어가며 길을 만들어 나가는 너에게

*

네가 원하는 가치를 찾으면 선택의 폭이 넓어질 거야

"이다음에 크면 어떤 사람이 되고 싶어?"
"친절한 사람."

"넌 성공이 뭐라고 생각하니?"
"사랑하는 것."

"이상하지 않아?
우리는 겉모습밖에 볼 수가 없어.
거의 모든 일은 우리 내면에서 일어나는데 말이야."

— 『소년과 두더지와 여우와 말』 중에서

네가 보내 준 편지를 읽으면서 작년에 우리 반 아이들과 했던 대화가 떠올랐어. 새 학년이 시작될 때 형제 관계, 주소, 장래 희망 등을 써 오도록 하는 가정통신문을 받아 본 적 있지? 아침에 우리 반 지현이가 그 가정통신문을 가져와서는 시무룩한 얼굴로 이렇게 말하는 거야.

"선생님, 저 어제 여기에 장래 희망 쓰다가 엄마한테 잔소리만 들었어요."
"그랬구나, 그걸 쓰다가 왜 잔소리를 들었어?"
"제가 요즘 네일 꾸미는 데 관심이 많아서 '네일 아티스트'라고 썼거든요. 그랬더니 저녁밥 먹는 내내 '판사'처럼 큰 꿈을 가져 보라고 그러시잖아요. 엄마는 내가 뭘 좋아하는지도 잘 모르면서…"

너처럼 많은 아이들이 네모난 '장래 희망' 빈칸을 채울 때마다 어른들의 눈치를 보곤 해.

'내가 원하는 꿈을 썼다가 부모님이 실망하면 어떡하지?'
'솔직하게 썼다가 괜히 잔소리만 들으면 어떡하지?'

이런 걱정을 하느라 남들이 보기에 그럴듯한 직업, 누가 봐도 나무랄 데 없는 직업을 골라서 빈칸을 채우는 거야. 그러다 보니 정작 내가 무엇을 좋아하는지, 어떤 것을 꿈꾸는지 충분히 생각해 보지 못해.

남들의 눈치를 보지 않고 온전히 스스로 삶의 주인이 되고 싶을 때, 자기만의 기준을 찾을 수 있는 방법을 알려 줄게. 어떤 직업 하나를 선택하는 데 집중하기보다는 자신이 어떤 '가치'를 좋아하는 사람인지 탐구해 보는 거야.

너 자신에게 이렇게 질문해 봐.

나는 어떤 가치를 중요하게 생각하는 사람인가?

이 질문에 구체적으로 답할 수 있도록 '직업 가치관'을 알려 줄게. 직업 가치관은 직업을 선택할 때 기준이 되는 가치를 말하는데 성취, 봉사, 변화 지향, 영향력 발휘, 지식 추구 등 열세 가지의 요소가 있어.

직업 가치관

직업을 선택할 때 자신이 중요하게 생각하는 가치

직업 가치관의 열세 가지 가치 요인

성취	나는 스스로 목표를 세우고 달성하는 걸 좋아해.
봉사	나는 어려운 사람을 돕고 남을 위해 봉사할 때 기뻐.
개별 활동	혼자만의 시간과 공간을 갖고 일하는 게 좋아.
직업 안정	걱정 없이 오래 안정적으로 일하는 게 중요해.
변화 지향	다양하고 새로운 것을 경험하고 싶어.
몸과 마음의 여유	스트레스를 적게 받으며 일하고 싶어.
영향력 발휘	사람들에게 영향을 주는 일이 좋아.
지식 추구	새로운 지식과 기술을 발견하고 싶어.
애국	나라의 공적인 부분에 기여하는 사람이 되고 싶어.
자율	지시를 받지 않고 자율적으로 일하는 게 좋아.
금전적 보상	돈을 많이 벌 수 있는지가 중요해.
인정	내 일을 통해 사람들에게 인정받고 존경받고 싶어.
실내 활동	많이 움직이지 않고 앉아서 일하면 좋겠어.

— 워크넷(work.go.kr)

선생님은 길을 잃은 것처럼 혼란스러울 때 내가 이 일을 통해서 궁극적으로 어떤 '가치'를 추구하고 싶은지 떠올려 보곤 해. 그러면 내비게이션을 맞추는 것처럼 다시 방향을 제대로 잡고 걸어갈 수 있더라. 너도 한번 찬찬히 살펴볼래?

너는 왜 사육사가 되고 싶니? 단순히 동물이 좋아서일 수도 있지만 어떤 존재를 돌보는 일 자체를 사랑한다면 '봉사'라는 가치를 떠올려 볼 수 있을 거야. 목표를 세워서 달성하는 것보다 누군가와 교감하면서 여유를 갖는 것을 좋아한다면 '몸과 마음의 여유'와 같은 가치를 생각해 볼 수 있겠지.

'봉사', '몸과 마음의 여유'처럼 네가 원하는 가치를 찾아 나가다 보면 사육사라는 하나의 직업에만 몰두하지 않을 수 있어. 원하는 가치를 실현하는 데 초점을 맞추고 반려동물 사진작가, 동물 매개 심리 상담사, 반려동물 행동 교정 전문가와 같은 다양한 직업을 고려해 볼 수 있지. 수많은 고민 끝에 결국 다시 돌아와 사육사라는 직업을 선택하게 된다고 해도, 자신을 탐구하고 다양한 직업을 연구한 그 시간은 분명 너에게 자양분이 될 거야.

그림책 『소년과 두더지와 여우와 말』을 펼쳐 보면 흥미로운 대화가 나와. 두더지가 소년에게 이다음에 크면 어떤 사람이 되고 싶은지 묻거든. 소년은 뭐라고 대답할까?

구체적인 직업이 아니라 '친절한 사람'이라고 말해. 성공이 뭐라고 생각하느냐는 소년의 질문에 두더지도 연봉이나 사회적 지위가 아니라 '사랑하는 것'이라고 대답하지.

어찌 보면 허무맹랑한 대답처럼 보이지만 결코 그렇지 않아. 어떤 직업을 갖든지 자신의 삶이 지향하는 바가 무엇인지를 알아야 일을 하다가 흔들릴 때도 무게중심을 잡을 수 있거든.

너에게도 묻고 싶어. 너는 어떤 사람이 되고 싶니? 성공이 뭐라고 생각해? 네가 중요하게 생각하는 '가치'를 토대로 질문에 대한 답을 찾아보면 좋겠어. 삶의 겉모습이 전부가 아닌 것처럼 느껴질 때마다 '나'라는 한 사람의 내면에서 일어나는 일들, 내 영혼이 향하는 방향을 충분히 살펴보길 바라.

우리는 평생 하나의 직업만 갖고 살지는 않아. 정년이 보장되는 평생직장의 개념도 사라지고 있고, 조기 은퇴 후에 새로운 직업을 갖는 사람들도 많아지고 있어.

선생님은 학교에서 교사로 일하면서 아이들이 마음의 숨을 쉴 수 있도록 선한 영향력을 흘려보내 주는 일에 기쁨을 느끼고 있어. 하지만 교사라는 직업만이 내가 할 수 있는 유일한 일이라고 생각하지는 않아. 내가 지향하는 '봉사'와 '영향력 발휘'라는 가치를 책을 쓰는 작가로서 또는 연구자로서도 실현할 수 있다고 생각해. 내 가치관이 명확하게 서 있으면 어느 자리에서 어떤 직업을 갖고 일하더라도 방향성을 가지고 나아갈 수 있어.

어떤 진로를 택해야 할지 아직은 막막하고 모호한 것이 당연해. 하지만 분명한 건 네가 어떤 사람인지, 어떤 삶을 원하는지 충분히 탐구할 수 있는 기회가 지금 여기 네 손에 쥐어져 있다는 사실이야.

네 삶은 오직 네 것이란다. 그러니 주변 사람들의 진심어린 조언을 고맙게 듣되, 그 말에 이리저리 흔들리면서 네가 원하지 않는 길을 선택할 필요는 없어. 어떤 직업을 선택하든 매일 일터로 출근해서 하루를 감당하는 것은 오롯이 자신의 몫이니까.

아무도 밟지 않은 눈길을 걸어 본 적이 있니? 길이 없는 허허벌판일지라도 네가 걸어가면 곧 길이 된단다. 네 삶에 첫눈이 내리고 있어. '사락사락' 네 영혼이 향하는 방향을 따라 발자국을 남기며 걸어가 봐.

마음 약국 처방전
읽는 약

_____ 귀하

효능
- ☑ 삶의 가치 발견하기   ☑ 진로 탐구하기   ☑ 방향성 찾기

처방 그림책

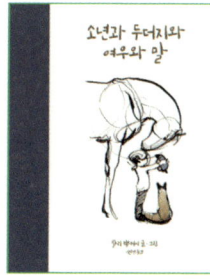

『**소년과 두더지와 여우와 말**』
찰리 맥커시 글·그림, 이진경 옮김, 상상의힘

어떻게 살아야 할지 막막할 때 이 그림책을 읽어 보세요. 내 영혼이 향하는 방향이 어딘지 점검해 볼 수 있습니다.

마음에 붙이는 반창고 한 구절

"이다음에 크면 어떤 사람이 되고 싶어?"
"친절한 사람."
"넌 성공이 뭐라고 생각하니?" / "사랑하는 것."
"이상하지 않아? 우리는 겉모습밖에 볼 수가 없어. 거의 모든 일은 우리 내면에서 일어나는데 말이야."

처방 세부 내역

자기 삶의 방향성을 찾아 나가고 있는 ＿＿＿＿＿＿＿에게 '내가 중요하게 생각하는 가치를 탐색할 시간'을 처방합니다.

✚ 아래를 읽으면서 내가 살면서 중요하다고 생각하는 것, 유독 마음에 끌리는 것에 체크해 보세요.

- ☐ 스스로 목표를 세우고 달성할 때 느끼는 성취감
- ☐ 어려운 사람을 돕고 남을 위해 봉사하는 기쁨
- ☐ 혼자만의 시간과 공간
- ☐ 예측 가능한 생활과 안정감
- ☐ 다양하고 새로운 경험
- ☐ 스트레스를 적게 받는 상태를 유지하는 것
- ☐ 사람들에게 영향력을 발휘하는 것
- ☐ 새로운 지식과 기술을 발견하는 즐거움
- ☐ 우리나라의 공적인 부분에 기여하는 명예로움
- ☐ 다른 사람의 지시가 아닌 내 의지로 일하는 자율성
- ☐ 돈을 많이 버는 것
- ☐ 일을 통해서 얻는 인정과 존경
- ☐ 실내에 앉아서 일하는 근무 여건

✚ 체크한 것을 토대로 다음 질문에 직업이 아닌 가치로 대답해 보세요.

질문 1 너는 어떤 사람이 되고 싶어?
㉠ 새로운 경험을 하고 성취감을 느끼는 사람이 되고 싶어.

질문 2 너는 성공이 뭐라고 생각해?
㉠ 사람들을 돕고 좋은 영향력을 발휘하는 삶이 성공이라고 생각해.

똑똑! 고민 있어요

미래 불안

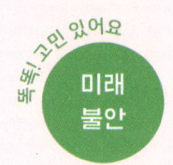

저만 꿈이 없는 것 같아서 불안해요

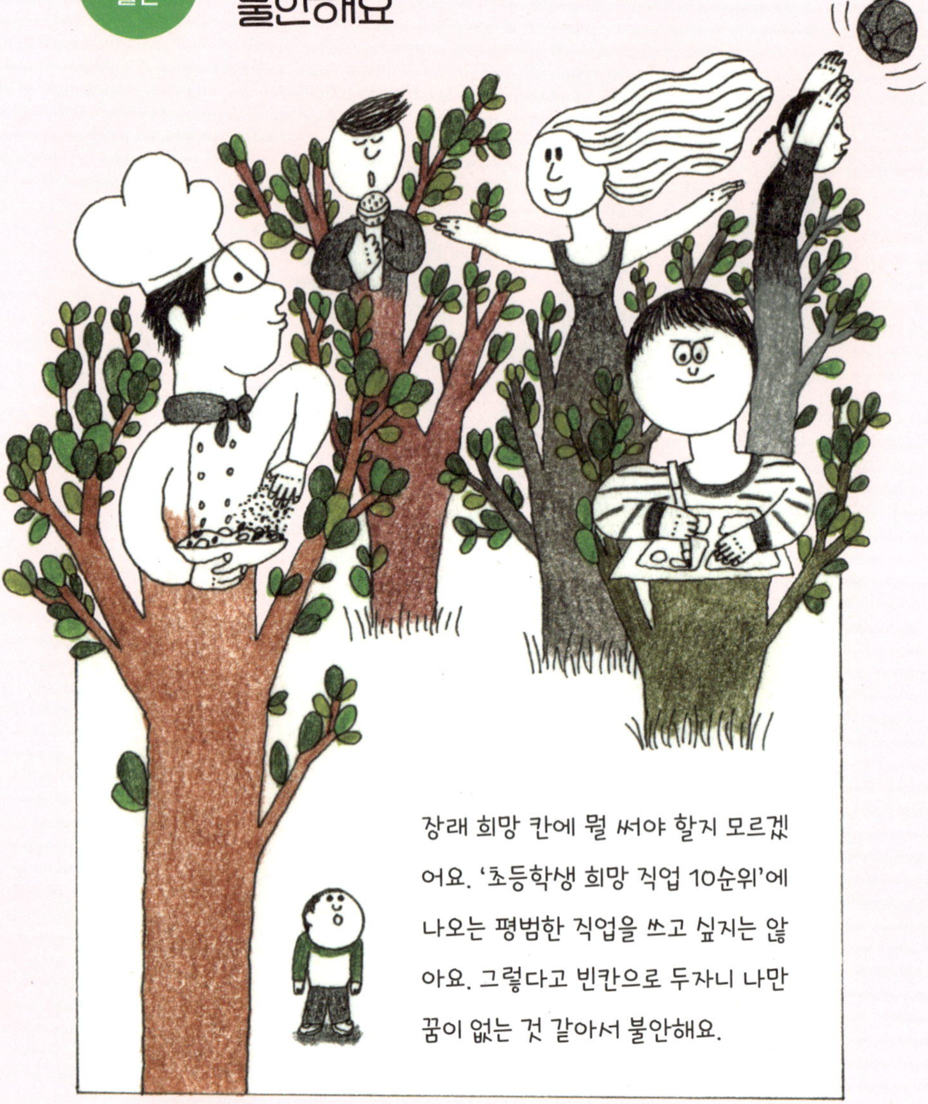

장래 희망 칸에 뭘 써야 할지 모르겠어요. '초등학생 희망 직업 10순위'에 나오는 평범한 직업을 쓰고 싶지는 않아요. 그렇다고 빈칸으로 두자니 나만 꿈이 없는 것 같아서 불안해요.

마음 약 편지 + 셀프 인터뷰 10문 10답

고유한 '나'를 탐구하고 싶은 너에게

*

빈칸을 채우는 대신 넓혀 보자

"애벌레는 꼭 나비가 되어야 해?"
"그럼 당연하지.
멋진 나비가 되는 건 우리 모두의 꿈이잖아."
"우리 모두의 꿈이라고?"

작은 애벌레는 조금 놀랐어.
'어떻게 모두 꿈이 같을 수 있지?'

― 『노스애르사애』 중에서

이다음에 커서 뭐가 되고 싶니?

이런 질문을 들으면 떡 먹다가 잘못 삼킨 것처럼 목이 턱 막힌다고? 지금 당장 '오늘의 나'에 대해서도 제대로 모르는데 대체 '장래의 나'에 대해서 어떻게 알 수 있겠어.

장래 희망 빈칸에 뭘 써야 할지 몰라서 고민하다 보면 나만 꿈이 없는 것 같아서 불안해. 장래 희망 빈칸 하나 채우는 것도 이렇게 어려운데, 앞으로 인생을 살면서 만나게 될 수많은 빈칸들은 대체 어떻게 채우면서 살지? 벌써부터 뒤처지는 기분에 조바심이 나는 거야. 결국 객관식 문제를 푸는 것처럼 남들이 좋다고 말하는 어떤 직업 하나를 덥석 골라서 빈칸을 채우게 되지.

일본의 가전 회사 발뮤다를 창업한 테라오 겐의 인터뷰를 읽은 적이 있어. 테라오 겐은 어릴 때 장래 희망 설문지를 받고 이렇게 생각했대.

평생 직업을 써내라는 건 앞으로 펼쳐질 무한한 가능성에 내리는 사형 선고 같았다.

네 편지를 읽으면서 선생님은 오히려 안도감이 들었어. 앞으로 펼쳐질 무한한 가능성을 열고 고민하기 시작한 거잖아. '초등학생 희망 직업 10순위'에 나오는 직업들이 왜 나에게는 매력적이지 않은 거지? 대체 나는 무엇을 원하는 사람일까? 이런 질문을 품고 고민을 해 보아야 네가 어디로 나아갈지 방향을 제대로 잡을 수가 있거든. 너에게 그림책 『노스애르사애』를 읽어 주고 싶어.

책을 펼치기 전에 잠깐 선생님 고등학교 시절 이야기를 들려줄까? 여기는 선생님이 다녔던 애벌레고등학교 3학년 2반 교실이야. 모두 똑같은 교복을 입고 똑같은 대학을 목표로 삼고 똑같은 책상에 앉아서 공부하고 있어. 문득 고개를 들어 보니 칠판 앞에 이렇게 쓰여 있더라.

'멋진 나비가 되는 건 우리 모두의 꿈'

바짝 정신이 들어서 다시 고개를 책상에 처박았어. 가장 크고 멋진 나비가 되기 위해 정신없이 초록 잎을 먹고 또 먹었지. 그런데 잠깐, 멋진 나비가 되는 게 어떤 건지 아느냐고? 글쎄 그건 제대로 고민해 보지도 못했네. 딴생각할 틈이 없었거든.

그렇게 모두들 나비가 된 어느 날, 문득 주변을 둘러보니 3학년 2반에 똑같이 앉아 공부하던 아이들이 3부서 2팀으로 출근하고, 3동 2호 라인에 집을 얻어서 엇비슷한 모습으로 살아가고 있더라.

똑같은 모습으로 잎을 먹으며 똑같은 꿈을 꾸었기 때문일까? SNS의 네모난 피드를 통해 친구들의 안부를 확인해 보니 엇비슷한 핫 플레이스에서 똑같은 포즈로 찍은 사진이 가득해. 아기 젖병을 하나 사도 남들이 다 쓴다는 '국민 아이템'을 골라야 안심하고 말이야. 우리는 어쩌다 이렇게 똑같은 모습으로 살게 된 걸까?

그림책 『노스애르사애』를 펼치면 너랑 비슷한 고민을 하는 작은 애벌레가 등장해. 모두 똑같은 모습으로 열심히 잎을 갉아 먹고 있을 때, 작은 애벌레는 친구들에게 이런 질문을 던져.

"애벌레는 꼭 나비가 되어야 해?"
"그럼 당연하지. 멋진 나비가 되는 건 우리 모두의 꿈이잖아."

친구들이 한목소리로 대답하며 고개를 끄덕이는 걸 보고 작은 애벌레는 깜짝 놀랐어.

'어떻게 모두 꿈이 같을 수 있지?'

작은 애벌레는 무작정 친구들을 따라 하는 대신 멈추어 질문을 던지고 충분히 생각해 볼 시간을 가졌어. 바로 너처럼 말이야. 그리고 남들이 다 먹는 딱딱하고 맛없는 잎을 거부하고 자기 취향에 맞는 알록달록한 꽃을 먹기로 결심해.

미래에 더 이상 존재하지 않을지도 모를 직업 하나를 덥석 선택해서 장래 희망 빈칸을 채우는 것보다 더 중요한 일이 있어. 빈칸을 무한대로 넓히고 다른 누구도 아닌 '나'에 대해 탐구할 시간을 갖는 거야.

내가 될 수 있는 사람은 누구일까? 이 지구상에 딱 한 명, 오직 나밖에 없어. 그런데 내가 나 자신을 잘 모른다면, 어떻게 온전히 내가 될 수 있겠어? 다음 열 개의 질문을 통해서 너만의 고유성을 맹렬하게 탐구하는 시간을 가져 봐.

셀프 인터뷰 10문 10답으로 '나' 탐구하기

1 나는 무엇을 할 때 마음에 기쁨이 차오르나요?
2 지금까지 나에게 가장 큰 영향을 준 한마디 또는 한 문장은 무엇인가요?
3 내가 말하거나 글을 쓸 때 자주 쓰는 단어나 표현은 무엇인지 세 가지만 곰곰이 생각해 보세요.
4 별로 힘들이지 않아도 내가 잘 해내는 일은 무엇인가요?
5 반대로, 생각만 해도 자신이 없어지고 어려운 일은 무엇인가요?
6 내 삶에서 감사한 일 다섯 가지를 써 보세요.
7 어려웠지만 그래도 시도하길 잘했다고 생각하는 일이 있다면 무엇인가요?
8 살면서 포기하고 싶지 않은 가장 중요한 가치는 무엇인가요?
9 나를 나타낼 수 있는 색깔은 무엇인가요? 그 이유도 생각해 보세요.
10 지금까지의 내 삶을 한 권의 책으로 만든다면 어떤 제목을 붙여 주고 싶은가요?

"선생님, 저는 꿈이 없었던 게 아니라, 제 꿈을 적기에 장래 희망을 쓰는 칸이 너무 작았던 것 같아요."

열 가지 질문을 가지고 자기 탐구를 한 후에 한 아이가 이렇게 말한 적이 있어. 아이에게 더 큰 종이를 주었더니 8번 질문 '살면서 포기하고 싶지 않은 가장 중요한 가치는 무엇인가요?'를 통해서 자기 안에 구체적으로 이런 꿈이 있는 걸 발견했대.

어떤 직업을 갖게 될지 아직은 모르지만 내 손으로 번 돈의 10분의 1을 다른 사람들을 위해 쓰는 삶을 살고 싶다.

지금 빈칸을 채우지 못해서 조바심 내지 않아도 돼. 너는 꿈이 없는 것이 아니야. 네 꿈을 다 담기에 3센티미터밖에 되지 않는 장래 희망 빈칸이 너무 좁을 뿐이란다.

_____ 귀하

효능
☑ 멈추고 질문하기 ☑ 고유한 나 탐구하기 ☑ 다양성 인정하기

처방 그림책

『노스애르사애』

이범재 글·그림, 계수나무

나만 꿈이 없는 것 같아서 불안할 때 이 그림책을 읽어 보세요. 자신의 고유성을 탐구할 용기를 얻을 수 있습니다.

마음에 붙이는 반창고 한 구절

"애벌레는 꼭 나비가 되어야 해?"
"그럼 당연하지. 멋진 나비가 되는 건 우리 모두의 꿈이잖아."
"우리 모두의 꿈이라고?"
작은 애벌레는 조금 놀랐어.
'어떻게 모두 꿈이 같을 수 있지?'

처방 세부 내역

세상에 단 한 명뿐인 _____에게 '셀프 인터뷰 10문 10답으로 나를 탐구하는 시간'을 처방합니다.

+ 나는 무엇을 할 때 마음에 기쁨이 차오르는지 써 보세요.

+ 내가 말하거나 글을 쓸 때 자주 쓰는 단어나 표현은 무엇이 있나요?

+ 지금까지의 내 삶을 한 권의 책으로 만든다면 어떤 제목을 붙여 주고 싶은가요?

일상이 지루하고 재미없어요
어떻게 하면 재미있게 살 수 있을까요?

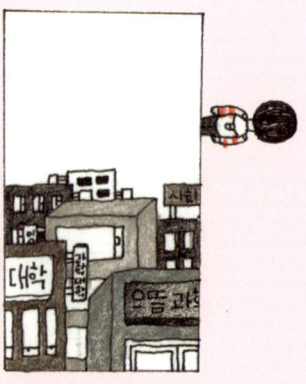

매일 학교와 학원만
왔다 갔다 하다 보니
일상이 지루하고 재미없어요.

기왕 한 번 사는 인생,
어떻게 하면
재미있게 살 수 있을까요?

마음 약 편지 + 일상 탐험 일지

오늘 하루치의 보물찾기를 시작하는 너에게
*
finders keepers
'일상 탐험가'의 안경을 껴 봐

> 네 삶은 너의 것!
> 할 수 있는 만큼 많은 일을 하렴.
> 볼 수 있는 만큼 많은 것을 보고.
>
> 아마도 너라면 사람들이 날마다
> 아름다운 것을 보도록 도울 수 있지 않을까?
>
> ―『아마도 너라면』중에서

벌써 이런 고민을 하고 있구나. 기특하다. 이따금 졸업하고 중학생, 고등학생이 된 선배들이 찾아와서 너랑 비슷한 고민을 털어놓을 때가 있어. "요즘 사는 게 재미없어요." 하고 말이지. 초등학생 때는 무엇이든 '잘함'이었던 나, 선생님께 '넌 특별하단다.'라는 말을 들으며 찬란하게 빛났던 나. 그런데 막상 중학교, 고등학교에 가 보면 자신이 그저 평범하고 하찮은 존재로 느껴진다는 거야. 똑같은 교복을 입고 딱딱한 책상에 앉아서 종일 칠판을 바라보고 있으면 나만의 색깔이 사라지고 무채색으로 뿌옇게 흐려지는 기분이 드는 거지.

'이대로 무채색 학생으로 살다가 졸업하고 무채색 직장인이 되면 어쩌지? 한 번뿐인 내 인생, 이렇게 재미없고 시시하게 끝나 버리면 어떡하지?'

이런 생각에 문득 턱을 괴고 한숨 쉬는 날, 일상이라는 틀에 갇힌 자신이 평범하고 납작하게만 느껴지는 그런 날, 권태와 불안을 돌파할 수 있는 방법 두 가지를 알려 줄게.

첫째, '일상 탐험가'의 안경을 써 봐. 종로에 가면 선생님이 종종 들르는 '파이키'라는 카페 겸 책방이 있어. 커피도 맛있고 창문 너머로 보이는 돌담길도 멋지지만, 무엇보다 거기에 가면 공간 구석구석에 선생님이 좋아하는 구절이 붙어 있거든.

finders keepers
찾는 사람이 임자

영어 속담인데, 이 구절을 읽으면 새로운 의욕이 샘솟고 기분이 좋아져. 내 일상 구석구석에 보물처럼 숨어 있는 영감과 행복을 놓치지 않고 찾아서 만끽하고 싶어지거든.

우리는 어떨 때 삶의 재미와 행복을 느낄까? 미국의 심리학자 에드 디너는 행복에서 중요한 것은 기쁨의 강도가 아니라 빈도라고 말해. 모든 즐거운 감정은 곧 소멸하기 때문에, 한 번의 커다란 기쁨에 집중하기보다는 작고 소소한 기쁨의 순간들을 자주 느끼고 음미하는 태도가 중요하다는 의미야.

기왕 한 번 사는 인생, 어떻게 하면 재미있게 살 수 있냐고 물었지? 유일한 방법은 보물찾기를 하는 것처럼 허리를 숙이고 자기 일상 곳곳에 숨겨진 소소한 기쁨을 발견하며 사는 것, 그것뿐이라고 생각해. 행복의 원천은 짧고 특별한 순간이 아니라 매일 걷는 길, 자주 만나는 친구, 오래 머무르는 공간과 같이 내 피부와 맞닿는 일상 속에 있기 때문이야.

일상 속에서 보물찾기를 잘하고 싶다면 아침에 현관문을 열고 집을 나설 때마다 이 문장을 떠올려 봐.

이 문을 열면 탐험이 시작된다.

카페 파이키의 대문에 적힌 문장인데, 선생님은 요즘 아침마다 이 문장을 의식하면서 오늘 하루치의 보물찾기를 시작해. 일상 탐험가의 눈으로 순간을 바라보고 탐험 일지를 써 보는 거야.

일상 탐험 일지

일상 탐험 - 001	am. 07 : 45
일상 탐험	집 앞에 있는 배롱나무의 이파리 색깔을 관찰했다.
보물찾기	어제와는 미묘하게 다른 계절의 변화를 알아차렸다.

일상 탐험 - 002	am. 07 : 55
일상 탐험	버스에 앉아서 창문을 열고 시원한 바람을 느꼈다.
보물찾기	활기찬 아침의 기운을 온몸으로 흡수했다.

| 일상 탐험 - 003 | am. 08 : 10 |

일상 탐험 어제보다 일찍 교실에 도착해서 서랍을 정리했다.

보물찾기 나만 아는 작은 성취감을 만끽했다.

　이렇게 탐험 일지를 써 보면 오늘 경험한 작지만 확실한 기쁨들을 놓치지 않고 음미할 수 있어. 너만 아는 재미와 성취를 땅에 그대로 떨어뜨리지 말고 꼭 붙잡아 봐. 분명 네 일상에 활기와 의미를 더해 줄 거야.

　둘째, '맑은 물 붓기'로 힘이 되는 문장을 흘려보내 봐. 살다 보면 마음이라는 물 잔에 때로 권태, 불안과 같은 진흙이 한 줌 툭 떨어질 때가 있어. 그럴 때 탁해진 물을 맑히려면 어떻게 해야 할까? 물 잔을 뒤집어서 진흙을 빼내려고 애쓰는 것보다 더 좋은 방법이 있어. 바로 맑은 물을 계속 붓는 거야. 탁해진 마음도 마찬가지야. 힘이 되는 좋은 문장을 붓고 또 붓다 보면 어느 순간 마음속 진흙의 농도가 낮아지고 맑아지거든.

　'맑은 물 붓기'는 스스로에게도 해 줄 수 있지만 내가 아끼는 사람에게도 해 줄 수 있어. 이 편지를 읽는 너에게 그림책

『아마도 너라면』의 문장으로 맑은 물을 부어 주고 싶어.

　기왕 한 번 사는 인생, 우리 '일상 탐험가'의 안경을 끼고서 재미있고 맛깔나게 한번 살아 보자. 아마도 너라면, 별것 아닌 일상 속에서 아름다운 것을 발견할 수 있을 거야. 아마도 너라면, 사람들이 저마다 보물을 찾도록 도울 수 있을 거야. 오늘도 네가 서 있는 자리에서 볼 수 있는 만큼 많은 것을 보고, 할 수 있는 만큼 많은 일을 해 보렴. 같은 자리에 머무르지 않고 다음 보물, 또 다음 보물을 향해 거침없이 나아가는 너를 기대하고 축복해.

마음 약국 처방전
읽는 약

귀하
_____

효능
☑ 삶의 재미와 만족을 느끼는 법 ☑ 권태와 불안 다루기 ☑ 마음의 힘

처방 그림책

『아마도 너라면』
코비 야마다 글, 가브리엘라 버루시 그림,
이진경 옮김, 상상의힘

일상이 지루하고 재미없다고 느껴지면 이 그림책을 읽어 보세요. 맑은 물을 붓는 것처럼 마음의 힘을 회복할 수 있습니다.

마음에 붙이는 반창고 한 구절

네 삶은 너의 것!
할 수 있는 만큼 많은 일을 하렴.
볼 수 있는 만큼 많은 것을 보고.
아마도 너라면 사람들이 날마다 아름다운 것을 보도록 도울 수 있지 않을까?

처방 세부 내역

일상이라는 틀에 갇혀서 납작해진 _____에게 '일상 탐험가의 안경'을 처방합니다.

✚ 아침에 현관문을 열고 집을 나서면서 일상 탐험가의 안경을 쓰고 오늘 하루치의 보물찾기를 해 보세요. 오늘 경험한 작지만 확실한 기쁨 세 가지를 일상 탐험 일지에 기록해 보세요.
일상 탐험 칸에는 오늘 관찰한 것, 들은 것, 시도한 것 등을 써넣으세요. 보물찾기 칸에는 그로 인해 내가 느낀 것, 새롭게 발견한 것 등을 적어 보세요.

일상 탐험 일지

일상 탐험 - 001	am. :

일상 탐험

보물찾기

| 일상 탐험 - 002 | am.   : |

일상 탐험

보물찾기

| 일상 탐험 - 003 | am.   : |

일상 탐험

보물찾기

마음 약 그림책 출처

『이게 정말 나일까?』 요시타케 신스케 글·그림, 김소연 옮김, 주니어김영사

『리디아의 정원』 사라 스튜어트 글, 데이비드 스몰 그림, 이복희 옮김, 시공주니어

『달 밝은 밤』 전미화 글·그림, 창비

『마음여행』 김유강 글·그림, 오올

『난 이제 누구랑 살지?』 에밀리 멘데즈 아폰데 글, R. W. 앨리 그림, 노은정 옮김, 비룡소

『내 마음, 들어 보세요』 카트린 게겐 글, 레자 달반드 그림, 윤경희 옮김, 창비교육

『나뭇잎의 기억』 스티븐 헉튼 글·그림, 김지유 옮김, 언제나북스

『너는 나의 모든 계절이야』 유혜율 글, 이수연 그림, 후즈갓마이테일

『다른 애들이랑 똑같이 할 수가 없어』 유아사 쇼타 글, 이시이 기요타카 그림, 김숙 옮김, 북뱅크

『새빨간 질투』 조시온 글, 이소영 그림, 노란상상

『오소리의 시간』 그로 달레 글, 카이아 달레 뉘후스 그림, 공경희 옮김, 길벗어린이

『구름보다 태양』 마시 캠벨 글, 코리나 루켄 그림, 김세실 옮김, 위즈덤하우스

『가슴이 콕콕』 하세가와 슈헤이 글·그림, 김숙 옮김, 북뱅크

『그 녀석, 걱정』 안단테 글, 소복이 그림, 우주나무

『나는 소심해요』 엘로디 페로탱 글·그림, 박정연 옮김, 이마주

『소년과 두더지와 여우와 말』 찰리 맥커시 글·그림, 이진경 옮김, 상상의힘

『노스애르사애』 이범재 글·그림, 계수나무

『아마도 너라면』 코비 야마다 글, 가브리엘라 버루시 그림, 이진경 옮김, 상상의힘

어린이 마음 약국
마음을 치유하는 그림책 처방전

초판 1쇄 발행 2023년 9월 15일
초판 4쇄 발행 2024년 1월 17일

지은이 • 이현아(글), 소복이(그림)
펴낸이 • 김종곤
편집 • 강창호, 박민영
펴낸곳 • (주)창비교육
등록 • 2014년 6월 20일 제2014-000183호
주소 • 04004 서울특별시 마포구 월드컵로12길 7
전화 • 1833-7247
팩스 • 영업 070-4838-2788 / 편집 02-6949-0953
홈페이지 • www.changbiedu.com
전자우편 • contents@changbi.com
ⓒ 이현아, 소복이 2023
ISBN 979-11-6570-226-7 03590

* 이 책 내용의 전부 또는 일부를 재사용하려면
반드시 저작권자와 (주)창비교육 양측의 동의를 받아야 합니다.
* 책값은 뒤표지에 표시되어 있습니다.